TRABAJO DE SOMBRA: DESPIERTA TU YO ESPEJO

Cómo integrar tu sombra, resolver conflictos internos y desbloquear todo tu potencial con ejercicios eficaces para liberar tu verdadero yo.

JANE KENNEDY

ÍNDICE

Introducción

¿Alguna vez has tenido la sensación de que algo te acecha por dentro y no lo reconoces? Tal vez pasas el día en relativa paz, pero luego te asalta un arrebato emocional. ¿De dónde viene eso? ¿Por qué ha sido tan cruel? Estas preguntas pueden quedarse clavadas en tu cabeza, y eso es sólo la mitad del problema.

En general, puede que vivas una vida feliz o, al menos, que a los que miran desde fuera les parezca que vives una vida feliz. Pero mientras tanto, te sientes constantemente en una tormenta interior. ¿Quién eres realmente? ¿Por qué ciertos aspectos de tu vida te parecen menos satisfactorios que otros y por qué te sientes estancado?

Aunque este sentimiento puede ser increíblemente aislante, no estás solo. Millones de personas en todo el mundo sufren sentimientos iguales o parecidos, y no saben qué hacer al respecto. En tu caso en particular, hay un montón de conflictos entrecruzados que se asoman a tu vida como los duros muelles de un colchón desgastado. Puede que te sientas:

- Atrapado en la vida o en un ciclo de autosabotaje. No importa lo que intentes o hagas, tu vida parece reflejarse una y otra vez, sin permitirte crecer ni cambiar. Y, a veces, eso se debe a que no puedes evitar sabotear tu propio progreso.

- Como si lucharas con arrebatos emocionales o sentimientos que no pueden explicarse. Esto es normal en las personas atrapadas en una vida estancada; no puedes evitar que se filtren en tu vida cantidades insaciables de ira, frustración, tristeza o desesperación.

- Como si carecieras de autoconciencia. Cuando tomas decisiones, es posible que no sepas por qué las tomas. Esto puede ser terriblemente confuso cuando estás intentando crecer y cambiar, sólo para tomar decisiones precipitadas y no saber por qué.

- Desconectado de ti mismo y de los que te rodean. Puede ser difícil conectar con tus amigos y familiares cuando ni siquiera puedes conectar contigo mismo, ese reflejo en el espejo cada día más ajeno.

- Falta de realización. Aunque alcances el éxito social o profesional o tengas los logros tradicionales, hay algo que te falta.

Todo esto y mucho más son los sentimientos habituales que experimentan las personas como tú, y si te sientes identificado con estas luchas, sin duda estás en el lugar adecuado.

Ahora mismo, lo único que anhelas es superarte y entenderte. Es un deseo valiente, que comprendo perfectamente. Y aunque el título de este libro puede haber sido lo que te llamó la atención, en realidad lo has escogido por la urgencia oculta de enfrentarte y transformar partes enterradas de ti mismo, las partes que te frenan.

¿Qué se puede hacer para salir de este atolladero al que te enfrentas y ayudarte a superar tus obstáculos? El secreto ha permanecido esquivo, pero ha llegado el momento de sacarlo de su caparazón de una vez por todas. Lo que necesitas para transformar tu vida y crecer como nunca es algo llamado trabajo de sombra.

El trabajo de sombra implica una experiencia profundamente personal y transformadora en la que se exploran partes ocultas de lo que uno es. A menudo, estas partes son menos comprendidas y juegan con la psique. ¿Y cuál es el objetivo principal del trabajo de sombra? Desbloquear el crecimiento personal y el equilibrio emocional.

Muchas personas practican el trabajo de sombra debido a sus beneficios generales. Sólo algunos de sus beneficios incluyen el aumento de la confianza y la autoestima, la mejora de la creatividad, el fortalecimiento de las relaciones, la autoaceptación, el descubrimiento de talentos ocultos, un mayor bienestar general, más compasión hacia uno mismo y hacia los demás.

Puede parecer una tarea difícil, pero tienes una ventaja: el recurso que tienes ahora mismo. A lo largo de este libro, emprenderás un viaje emocionante y transformador que te ayudará a identificar, afrontar e integrar tu sombra. No sólo llegarás a un acuerdo con las muchas caras de la sombra, sino que descubrirás tácticas para conocerla, abrazarla y continuar en el camino del autodescubrimiento, todo gracias a este lado oculto de ti.

Imagina una vida en la que no tengas que luchar contra tus emociones, en la que sepas cómo te sientes y por qué, y puedas controlarlas. Lo mejor de todo es que tu reino interior está profundamente ligado a lo que eres y a lo que te presentas a ti mismo, dándote el poder de una vida que se siente reconfortante, satisfactoria y completa. Esto es sólo una fracción de lo que el trabajo de sombra puede aportarte.

Antes de emplear sus técnicas, millones de personas se sentían fuera de contacto con lo que eran. Les faltaba equilibrio y conexión, y lo peor es que la información previa sobre el trabajo de sombra no era profunda, directa ni eficaz. Todo eso cambia con este recurso.

Si estás buscando hacer cambios significativos y explorar las profundidades de tu personalidad para una transformación duradera, entonces has adquirido el libro adecuado. Sigue leyendo y comencemos un viaje inmejorable hacia la comprensión de la persona más importante de tu vida: ¡tú!

Capítulo 1

La sombra y sus múltiples caras

La sombra es ahora más necesaria que nunca. Sanamos el mundo cuando nos sanamos a nosotros mismos, y la esperanza brilla más cuando ilumina la oscuridad.

-Sasha Graham

¿Alguna vez has sentido que sólo estás arañando la superficie de lo que realmente eres? Imagina una capa subyacente que ha estado guiando tus acciones sin que ni siquiera lo supieras. Este capítulo te presentará tu sombra y te explicará su origen, su función y cómo se manifiesta en la vida real.

Comprender el origen del concepto de sombra

Para aprovechar realmente los beneficios de la sombra, es importante entender primero lo que es. Durante décadas, la sombra ha sido malentendida y malinterpretada, rechazada como una parte de nosotros que nunca debería ver la luz del día; ahora, ha llegado el momento de arrancarle la máscara a la sombra, profundizando en lo que es y en cómo puede ayudarnos. De eso trata esta sección, y al final de la misma estarás íntimamente familiarizado con algunos de los aspectos básicos de ella. Empecemos por la historia de la sombra y sus primeras interpretaciones.

Mucha gente cree que la sombra y su trabajo son conceptos novedosos, pero no es así. A mediados del siglo XX, el psiquiatra Carl Jung popularizó la idea de la sombra como un aspecto fundamental de la psique humana, pero esta existe desde que existe nuestra especie. No sólo tiene profundas raíces históricas relacionadas, sino que también hay interpretaciones tempranas que demuestran y subrayan lo importante que ha sido la sombra a lo largo del tiempo, y los esfuerzos que algunos han hecho por suprimirla.

La psicología junguiana se refiere a la sombra como un aspecto inconsciente o reprimido de lo que somos. Incluye todos los aspectos de nuestra personalidad que hemos apartado por considerarlos demasiado vergonzosos, débiles o irrelevantes como para mostrarlos cada día. Normalmente, se compone de cualidades, deseos y emociones que se consideran socialmente inaceptables o personalmente indignas. Carl Jung creía que para que los seres humanos crezcamos de verdad -y estemos psicológicamente bien- tenemos que enfrentarnos a la sombra e integrarla. Esto significa que, al fin y al cabo, es importante aceptarla.

Pero la sombra también existe mucho más allá del concepto de la psicología junguiana. Aparece conceptualmente en diversas formas de folclore, mitología e incluso tradiciones religiosas. Por ejemplo, podemos relacionar el concepto de la sombra con la mitología griega, donde la figura del doble se consideraba el aspecto más oscuro de la naturaleza de alguien. ¿Te suena? Y más allá de eso, muchas culturas tienen leyendas de seres sombríos o que cambian de forma y representan aspectos ocultos o temidos de la mente humana.

La sombra también existe mucho más allá de la psicología y la mitología occidentales. Filosofías orientales como el taoísmo y el budismo tienen conceptos paralelos que representan aspectos rebeldes del pensamiento humano, a veces denominados simplemente "mente inconsciente". Las tradiciones africanas y nativas americanas tampoco son ajenas a la idea de la sombra.

De hecho, este concepto es universal; esta universalidad está presente cuando se examina lo extendida que está realmente la idea de la sombra. En última instancia, subraya lo comunes que son para nosotros los humanos las luchas psicológicas y emocionales, y nos invita a explorar facetas ocultas de nosotros mismos. La sombra no es algo que haya que temer; sirve como catalizador para el crecimiento y la curación.

La sombra de Jung

Ahora que ya sabes lo que es, es hora de profundizar en algunos conceptos relacionados con ella. En primer lugar, tenemos la intersección entre la sombra y la identidad. La sombra desempeña un papel crucial en la formación de la identidad. Dado que se compone de los aspectos reprimidos de una persona -ya sea de forma consciente o inconsciente-, reconocer la sombra puede propiciar un sentido más auténtico y holístico de la identidad. Todo el mundo tiene aspectos luminosos y oscuros de su personalidad, y la sombra es la forma más crucial de invitar a esas partes y permitir que se mezclen.

También es importante tener en cuenta su potencial, el cual es abundante. La sombra no es un ser limitante que acecha en las grietas de la mente, sino que encierra un potencial sin explotar para el crecimiento personal y la creatividad. Dentro de la sombra, puedes encontrar talento oculto, impulsos creativos e incluso energía radiante que puede conducir a la autorrealización una vez que se abraza. Al explorar e integrar la sombra, puedes desvelar un potencial latente y transformarlo en aspectos constructivos de lo que eres como persona. Integrar la sombra es mucho más que enfrentarse a partes de ti que te desagradan; es un medio de abrazar el crecimiento y las oportunidades ocultas bajo tu propia superficie.

Según la obra de Jung, también hay varias caras y facetas de la sombra. Por ejemplo, hay aspectos personales y colectivos. Una de las teorías de Jung afirmaba que la sombra no era sólo un concepto individual, sino que también operaba a nivel colectivo a través de algo llamado inconsciente colectivo. Se dice que este colectivo es compartido por toda la humanidad y contiene símbolos y arquetipos, incluidos tabúes y prejuicios sociales que influyen en nuestras normas colectivas.

Y aunque el mal no es ciertamente el principal factor de la sombra a considerar, tiene ciertos vínculos. La sombra no es intrínsecamente mala, pero según la obra de Jung, si uno sigue negándose a examinar o reconocerla, ésta puede conducir a acciones o comportamientos perjudiciales. De hecho, la sombra tiene mucho que ver con el concepto psicológico de proyección. Alguien que proyecta empuja sus propias cualidades inconscientes hacia los demás. Muchas personas, sin darse cuenta, empujan sus aspectos sombríos hacia los demás. Como resultado, esto puede llevar a que alguien no se responsabilice de sus rasgos de sombra.

Tu sombra puede incluso influir en otras personas y viceversa. Las interacciones que tienes con los demás, así como la influencia de tu cultura, pueden desempeñar un papel importante en tu desarrollo. Esto incluye la dinámica familiar y las expectativas sociales, que contribuyen de forma idiosincrásica a la formación de la sombra. Es importante comprender esta conexión porque, al hacerlo, te permites discernir quién eres realmente sin los vaivenes de otras personas.

En total, Jung trabajó mucho sobre este tema. Desveló conceptos nunca antes explorados, enredándolos con antiguas prácticas e ideas para una comprensión novedosa. Su trabajo popularizó el concepto de la sombra, catapultándonos a una nueva era de comprensión sobre ella. Ahora es el momento de aprovechar todo lo que sabemos, empezando por comprender su papel y sus funciones.

Comprender el papel y las funciones de la sombra

A pesar del conocimiento y la investigación que tenemos en torno a la sombra, muchas personas siguen creyendo que es una fuente de aspectos malignos de nosotros mismos que deben reprimirse y ocultarse. Ésta es una interpretación completamente erronea. En lugar de servir como punto de maldad, la sombra desempeña un papel único -o, para ser más exactos, múltiples papeles- en nuestra psicología como seres humanos. Para comprenderla, tenemos que empezar por saber cada uno de esos papeles que interactúan con ella.

En total, ocho funciones diferentes interactúan con la sombra. Tenemos funciones que están en la superficie, y luego están las funciones "sombra". Empecemos por las funciones de superficie.

Funciones de superficie

Héroe

El primero es el héroe. El héroe se considera la función dominante de nuestra psicología, ya que es el núcleo del ego. El héroe es el aspecto de la mente más fácil de controlar y desarrollar. Comprenderlo es una clave importante para la autorrealización. En resumen, representa una versión idealizada de nosotros: es todo lo que queremos ser y aspiramos a ser.

Naturalmente, es importante tener en cuenta este aspecto porque no siempre podemos estar a la altura de las expectativas idealizadas, aunque sean las nuestras. Por lo tanto, conciliar esta imagen es importante para tu autenticidad personal.

Madre/Padre

Después está el aspecto madre/padre. Se supone que los padres son figuras que nutren, que es exactamente el papel que desempeñan los arquetipos de la madre y el padre en correlación con nuestra psique. La madre es una figura que nutre y apoya, que proporciona protección emocional y apoyo tanto a ti como a los que te rodean, mientras que el padre es la encarnación de la autoridad, la guía y la estructura. En tándem, estas dos funciones trabajan para apoyar al héroe y a ti en su conjunto, pero a veces pueden plantear problemas para la sombra.

Niño eterno

La tercera función es el niño eterno. Como su nombre indica, es el aspecto de nosotros que es por naturaleza creativo, juguetón y abierto a la exploración. Muchos psicólogos consideran que se trata de una función que sirve de alivio, que nos aporta alegría y relajación. Pero eso no es todo lo que hace la función infantil. También interviene en cómo nos gusta que nos consuelen. En otras palabras, la función infantil determina cómo nos gusta que nos tranquilicen los que nos rodean. Ésta es sólo una de las muchas maneras en que la función auxiliar madre/padre puede entrelazarse con esta función.

Animus

Por último, está la función animus, una función inferior en la que profundizaremos más adelante. Por ahora, es importante saber que esta función está vinculada a la función de héroe dominante y es una de las últimas funciones que se asimilan en la psique como un todo. Esto se debe a que el ánima/animus se considera el eslabón más débil de nuestras funciones. Implica aspectos que reprimimos debido a la incomodidad a la hora de utilizarlos, lo que significa que esta función a menudo queda subdesarrollada.

Funciones en la sombra

Papel opuesto

Ha llegado el momento de examinar las funciones en la sombra. En primer lugar, tenemos la función opuesta. Quinta en la línea, pero opuesta al héroe, esta función puede considerarse como una figura sarcástica y condescendiente. Le hace sombra al héroe planteándole dudas e inspirándole autoconciencia, haciendo que se piense dos veces sus propios objetivos o puntos de vista. También puede ser la causa de que seamos más discutidores, sobre todo cuando arremetemos contra los demás.

Además, la función opuesta es una de las más fáciles de imponer, debido a que es muy negativa. Por ejemplo, si alguien tiene una quinta función similar a la tuya, puede ser fácil considerarlo terco, pasivo-agresivo o poco de fiar, aunque no haya pruebas que lo demuestren.

Padre crìtico/Bruja/Senex

La sexta función recibe muchos nombres. Algunos la llaman el padre crítico, mientras que otros la llaman la bruja o el senex. Pero sea cual sea el nombre que se le dé a esta función, lo cierto es que ensombrece al progenitor. En lugar de ser una figura de apoyo, el progenitor crítico es propenso a menospreciarte y humillarte. Es la parte de ti propensa a sacar a relucir defectos y rechazos, a menudo dirigidos al ego.

También puede ser la parte de nosotros mismos que se levanta cuando alguien está siendo "infantil" según nuestros propios puntos de vista. Por ejemplo, si alguien se comporta de forma tonta y a ti te molesta, es posible que empieces a menospreciar aspectos de su vida que no son relevantes, como sus objetivos o sus hábitos organizativos.

Arlequín

Después viene el embaucador. Es lo contrario del niño eterno y representa un componente de nosotros que es engañoso y astuto. Con cualidades buenas y malas, el embaucador suele proteger al niño eterno. Sin embargo, esta protección suele coincidir con la creación del caos.

Aunque el embaucador no parezca la mejor figura para nuestro crecimiento, en realidad desempeña un papel decisivo en él. Para bien o para mal, es lo que nos permite crecer, resolver problemas y dominar a los demás en determinados contextos.

Demonio

Por último, está el demonio. Esta es la peor parte de la función inferior, la más diferente de cualquier función. El demonio puede impedir que conectemos con los demás y también puede hacer que proyectemos negatividad sobre otros que son capaces de utilizar esta función de forma saludable.

Al entender estas funciones, se puede comprender mejor cómo interactúa la sombra con la parte de nosotros que no somos propensos a reprimir. Esas funciones "superficiales" suelen considerarse más aceptables socialmente, mientras que las funciones de la sombra suelen desecharse como malas o negativas. Como resultado, nunca llegamos a integrar la sombra.

Encuentro con los arquetipos

En lo que respecta a la psicología de Jung y la sombra, otro concepto con el que hay que familiarizarse es el de los arquetipos. Los arquetipos son elementos o características clave que aparecen en nuestra sombra. Hay muchos arquetipos diferentes dentro de la psicología junguiana -12 para ser exactos- y cada uno contribuye a la sombra de una manera única, al igual que las funciones. De momento, centrémonos en los cuatro principales.

La Persona

El primero de los principales arquetipos de Jung es el personaje. La persona representa cómo elegimos conscientemente representarnos a nosotros mismos ante el mundo que nos rodea. La palabra persona se traduce del latín como "máscara", un nombre muy apropiado para este arquetipo. La persona representa las distintas "máscaras" que llevamos en los entornos sociales. Si te comportas de forma diferente en el trabajo que con tu pareja, por ejemplo, son dos máscaras diferentes que llevas, y la mayoría de la gente tiene docenas.

El propósito del arquetipo es protegerte. Nos ponemos estas máscaras para proteger al ego de las percepciones negativas de los demás. Por ejemplo, en el trabajo te pondrás una máscara distinta a la que llevas en casa porque ciertos chistes, patrones de habla, comportamientos y demás pueden arrojar una luz negativa sobre ti ante tu jefe y tus compañeros de trabajo. Ésta es sólo una de las formas en que el personaje te protege.

La mayoría de la gente desarrolla mucho su personalidad en la infancia. Esto se debe a que aprendemos desde pequeños qué comportamientos son aceptables y cuáles no, lo que nos permite empezar a ponernos esas máscaras desde muy pronto.

La Sombra

El siguiente arquetipo es la propia sombra. La sombra se forma por lo mucho que intentamos ajustarnos a las normas y expectativas culturales; todo lo que no se considera digno se suprime. Según Jung, la sombra puede aparecer en sueños como serpientes, monstruos, demonios u otros seres salvajes y oscuros.

El Animus

Después está el ánima o animus, del que ya hemos hablado brevemente. Según Jung, el ánima toma el género opuesto del individuo; por lo tanto, los varones tienen un ánima femenina y viceversa. Esta es representativa de nuestro verdadero yo y es también la principal vía de comunicación con el inconsciente colectivo que hemos mencionado antes.

Jung decía que estas imágenes arquetípicas del ánima se basaban en el inconsciente personal y colectivo, y contenían nociones de cómo la sociedad dice que debe comportarse cada género y más. Muchas culturas obligan a mujeres y hombres a adoptar determinados roles de género, lo que, según Jung, sólo sirve para socavar nuestro desarrollo psicológico.

El Yo

Por último, está el Yo. El yo como arquetipo representa la inconsciencia y la consciencia unificadas de una persona, es decir, el punto en el que se cruzan los pensamientos y experiencias inconscientes y conscientes. Esto implica el desarrollo de lo que somos como persona, y Jung decía que la falta de armonía entre las partes del yo podía provocar trastornos psicológicos.

¿Cuál es mi arquetipo?

Una forma de conocerte a ti mismo y saber lo que te impulsa es entender qué arquetipo encarnas más. Responde a este cuestionario para estar un paso más cerca de determinar tu arquetipo:

- Parte 1

    - ¿Cómo describirías tu mundo emocional interior y su influencia en la toma de decisiones?

        - A menudo me guío por una comprensión profunda e intuitiva de mis emociones. (1 punto)

        - Mis emociones pueden ser impredecibles y puedo tener dificultades para entenderlas o expresarlas con claridad. (2 puntos)

    - ¿Puedes identificar símbolos, sueños o fantasías recurrentes en los que aparezcan figuras femeninas significativas o temas relacionados con la feminidad?

        - Sí, a menudo sueño con figuras femeninas poderosas o símbolos relacionados con la feminidad. (1 punto)

        - No consistentemente o no he notado tales patrones. (2 puntos)

- Parte 2

    - ¿Qué aspectos de ti mismo te cuesta aceptar o reconocer?

        - Soy consciente de todos los aspectos de mí mismo y trabajo activamente para aceptarlos, incluso los más difíciles. (1 punto)

        - Me cuesta aceptar ciertas partes de mí mismo, y esto me causa conflictos internos. (2 puntos)

    - ¿Existen patrones recurrentes en tus relaciones o comportamientos que consideres negativos o destructivos?

        - No, mis relaciones y comportamientos son generalmente positivos y constructivos. (1 punto)

        - Sí, reconozco patrones negativos recurrentes que estoy trabajando para cambiar. (2 puntos)

- Parte 3

  - ¿Cómo te presentas al mundo exterior, especialmente en entornos sociales o profesionales?

    - Presento una versión auténtica de mí mismo que está en consonancia con mis verdaderos valores y creencias. (1 punto)

    - A veces siento la necesidad de ajustarme a las expectativas de la sociedad, presentando una versión de mí mismo que puede no ser del todo auténtica. (2 puntos)

  - ¿Hay aspectos de tu personalidad que te parezcan más producto de las expectativas sociales que de tu verdadero yo?

    - No, creo que mi personalidad es un reflejo genuino de lo que soy. (1 punto)

    - Sí, a menudo me encuentro adaptándome a las expectativas de la sociedad, aunque no estén totalmente en consonancia con mi verdadero yo. (2 puntos)

- Parte 4

  - ¿Qué valores o principios consideras fundamentales para sentirte realizado?

    - Tengo claros mis valores fundamentales, que guían mi vida y mis decisiones. (1 punto)

    - Todavía estoy explorando y definiendo mis valores fundamentales y mi sentido de la finalidad. (2 puntos)

  - ¿Recuerdas momentos de profunda autorrealización o una sensación de profunda armonía interior?

    - Sí, he experimentado momentos de profunda autorrealización y armonía interior. (1 punto)

- ■ No he vivido esos momentos o son poco frecuentes. (2 puntos)

Ahora, en función de la parte en la que hayas obtenido la puntuación más alta, puedes determinar tu arquetipo:

- Parte 1: El Anima

- Parte 2: La Sombra

- Parte 3: La Persona

- Parte 4: El Yo

Identificar la sombra en la vida cotidiana

Después de conocer la historia, las funciones y los arquetipos de la sombra, es posible que te preguntes cómo se manifiesta en la vida cotidiana. La sombra se manifiesta de diversas maneras, creando impactos únicos en las vidas de todos los que te rodean y en la tuya propia.

Una forma en que la sombra puede manifestarse es a través de tu tendencia a juzgar brutalmente a los demás. Si recuerdas, mencioné que a menudo nuestras funciones se proyectan en los demás. De hecho, un aspecto distintivo de la sombra es proyectar esos rasgos en otras personas. Esto puede servir como puerta de entrada para juzgar a otros. Cuando vemos que nuestros rasgos de sombra reprimidos aparecen en los demás o encontramos una razón para pensar que lo han hecho, puede llevarnos a proyectar y luego a tratar a los demás basándonos en esa falsa percepción. Rápidamente, esto puede dañar las relaciones.

Además, proyectar tus problemas en los demás puede ser un signo de rasgos de sombra reprimidos. Si tus problemas personales suelen ser culpa de los demás, o si con frecuencia atribuyes tus "malas" cualidades a otras personas, es señal de que una sombra quiere salir a jugar. A menudo, podemos confundir nuestros rasgos con los de los demás.

Tu sombra también puede entrelazarse con tus desencadenantes. Los desencadenantes son situaciones o acontecimientos que pueden provocar emociones exacerbadas. Por ejemplo, un fuerte estallido puede desencadenar que una persona con trastorno de estrés postraumático crea que ha ocurrido algo malo. Independientemente del tamaño del desencadenante, la sombra puede verse implicada. Normalmente, esto provoca que se inicie un camino destructivo. Debido a un desencadenante y a una conexión con la sombra, puede ser fácil arremeter, enfadarse o incluso autodestruirse como resultado de la presencia de un desencadenante.

Mucha gente no lo considera un gran problema ni un indicador de la sombra, pero la burla en línea también puede ser un punto en el que tu sombra aparezca en la vida cotidiana. Esto consiste en burlarse o enemistarse con otros en Internet. Puede ir desde comportamientos inofensivos hasta ciberacoso y actos de odio, y sin importar la proporción, este comportamiento puede indicar que la sombra se está alejando. Al fin y al cabo, es una de las formas más "aceptables" socialmente de desahogar nuestras emociones con los demás.

Luego está el desquite con los que están por debajo de ti. Si alguna vez has trabajado en el sector de la alimentación o en el comercio minorista, lo más probable es que hayas visto esto en acción. A veces, alguien con una posición de poder descarga su ira o frustración en quienes "controla". Los jefes castigan a los empleados, por ejemplo, cuando no han hecho nada malo o sólo seguían órdenes. Esto es una clara señal de que su sombra está siendo suprimida y de que están atacando debido a la proyección, la ira y las emociones reprimidas.

Hacerse la víctima con frecuencia también puede indicar una fuerte tendencia a reprimir la sombra. Las personas con una fuerte relación con su sombra no son ajenas a aceptar la responsabilidad de sus comportamientos. Por el contrario, alguien con una mala relación con su sombra puede pensar que todo es culpa de todos menos suya. Como resultado, el crecimiento personal se ve frenado; alguien que no puede aceptar la responsabilidad de su comportamiento nunca aprende a crecer y a superar los obstáculos personales. La confianza es que no *siempre se puede* ser la víctima en todas las situaciones.

Por último, la sombra puede aparecer cuando alguien no pone límites. A veces, las personas empujan el establecimiento de límites hacia su sombra, a pesar de que establecer límites es un derecho básico y una forma de autocuidado. Ponemos límites para mantener la seguridad en nosotros mismos y en nuestro bienestar. Sin embargo, algunos círculos consideran que los límites son inaceptables, por lo que muchas personas evitan ponerlos. Aun así, esto indica que uno puede estar reprimiendo la sombra.

Cuando puedes identificar la presencia de tu sombra, estás más cerca de aceptarla e integrarla realmente en tu vida.

Afirmaciones sobre el trabajo en la sombra

Antes de pasar al siguiente capítulo, hablemos de las afirmaciones. Las afirmaciones son declaraciónes que puedes repetirte a ti mismo para convencerte de algo. En este caso, estas afirmaciones pretenden inspirarte para que sigas progresando en tu viaje hacia el trabajo de la sombra. Echa un vistazo a estas 10 y repítetelas a ti mismo a medida que avanzas:

1. Abrazo todas mis partes, incluso las que están en la sombra, con amor y aceptación.

2. A través del autodescubrimiento, desvelo los aspectos ocultos de mi ser, adquiriendo sabiduría y comprensión.

3. Libero el juicio y la vergüenza, permitiéndome explorar la profundidad de mis emociones y experiencias.

4. Al enfrentarme a mis sombras, recupero mi poder personal y mi autenticidad.

5. Mis errores del pasado no me definen, sino que lo que me han enseñado me fortalece.

6. Al iluminar mis sombras, cultivo la compasión hacia mí mismo y hacia los demás.

7. Reconozco e integro las lecciones que me revelan mi sombra, transformándolas en fuentes de fortaleza.

8. A través del trabajo de sombra, libero los patrones que ya no me sirven, dejando espacio para el crecimiento y la sanación.

9. Soy resistente y capaz de transformar los retos en oportunidades de autodescubrimiento.

10. Con cada paso en las sombras, emerjo más fuerte, más sabio y más alineado con mi verdadero yo.

Mientras continúas tu viaje, recuerda que el autoconocimiento es el primer paso crucial para trabajar con tu sombra. Este capítulo te ha enseñado algunos de sus conocimientos fundamentales. A continuación, vamos a echar un vistazo a algunas herramientas y técnicas para desarrollar la habilidad esencial de la autoconciencia.

Capítulo 2

Reconocer tu sombra

Tu sombra son todas las cosas, "positivas" y "negativas", que has negado de ti mismo y escondido bajo la superficie de la máscara que olvidaste que llevas puesta.

-Oli Anderson

Imagínate frente a un espejo. Ahora imagina que ese espejo refleja no sólo tu yo físico, sino también tu yo emocional y psicológico. ¿Te interesa? Este capítulo profundiza en cómo tu sombra actúa como un espejo y cómo la autoconciencia es el primer paso para comprenderla.

Reflexiones y entendimiento

Tus comportamientos externos reflejan tu sombra interior. Como si te miraras en un espejo, tus acciones externas reflejan todo lo que tu sombra siente y afronta. Arremeter contra otra persona puede ser un fuerte indicador de que estás reprimiendo la ira; reprender a los demás por ser poco fiables puede imitar la falta de fiabilidad interior que hay en ti. Sin lugar a dudas, tu mundo interior se refleja en el exterior, lo cual es sólo una de las muchas razones por las que el trabajo de sombra es importante.

Resulta que hay un término psicológico que describe exactamente esto: el acto de forzar tu sombra sobre los demás a través de la proyección. Es lo que se conoce como el concepto de la imagen especular. En psicología, la imagen especular se refiere específicamente al concepto de alguien que fuerza o proyecta sus propias cualidades inconscientes en otras personas. En otras palabras, la represión de tu sombra te permite ver aspectos de ti mismo que no te gustan, que no quieres o que no puedes reconocer en otras personas. Aunque en la mayoría de los casos esta imagen reflejada es neutra, cuando se trata de la sombra, proyectar tu imagen puede ser bastante negativo.

Las ideas de Jung sobre la psique pueden vincularse al concepto de imagen especular, que entrelaza estrechamente la sombra con la imagen. Como se explicó en el capítulo 1, tu sombra representa la amalgama de tus aspectos reprimidos y subconscientes de lo que eres. Ya sea debido a un trauma o a un tabú social, todas estas muestras "inapropiadas" de carácter son la sombra; sin embargo, esta también contiene aspectos positivos que luchas por abrazar.

¿Cómo se relaciona esto con la imagen en el espejo? Todo se reduce a las personas con las que interactuamos. Si conoces a alguien que tiene rasgos o características que resuenan con tus propios rasgos subconscientes, puede desencadenar una fuerte respuesta emocional. A su vez, esa respuesta puede indicar que estás proyectando una imagen especular de tu sombra. Por ejemplo, puede que conozcas a alguien que te parezca excesivamente orgulloso y te frustre hasta el extremo; en realidad, esta frustración puede provenir de tu propio orgullo reprimido y de tu incapacidad para enfrentarte a él.

Perfeccionar la capacidad de reconocer estos rasgos reflejados es una parte vital del trabajo con la sombra. Cuando trabajas para reconocer y aceptar estas proyecciones, obtienes una valiosa perspectiva de tu mundo interior. Esto puede ayudarte a recuperar aspectos reprimidos de quién eres. Es un proceso que implica autorreflexión y exploración, y a menudo puede significar que tengas que cuestionar las percepciones iniciales que tienes sobre el mundo que te rodea.

Puede parecer un proceso bastante complicado, pero todo empieza por ser consciente de uno mismo. En realidad, ¿qué es la autoconciencia?

Dar el primer paso con conciencia de uno mismo

Para navegar por el intrincado paisaje que es tu psique, tienes que empezar por el profundo acto de la autoconciencia: la llave para abrir la puerta de tus propias complejidades y enfocar tu sombra.

Definamos la autoconciencia. En pocas palabras, la autoconciencia es una habilidad que implica la capacidad de profundizar y comprender el comportamiento, los pensamientos, las emociones y las motivaciones. No todo el mundo es consciente de sí mismo, pero todo el mundo tiene la capacidad de serlo. Alguien que es consciente de sí mismo puede pensar más allá de las observaciones superficiales. Volviendo a nuestro ejemplo del orgullo, puede ser de dos maneras:

1. Alguien que no es consciente de sí mismo sostendría que el otro individuo es demasiado orgulloso. Esto puede llevarte a arremeter contra él, a cortarle o a tomar medidas más severas debido a la frustración que sientes hacia esa persona.

2. Alguien consciente de sí mismo podría preguntarse por qué esa persona suscita una emoción tan fuerte. Al reflexionar, se da cuenta de que está frustrada por su propia incapacidad para enfrentarse a su orgullo.

En el segundo caso, alguien que es consciente de sí mismo es capaz de crecer y cambiar de verdad. Como resultado, su sombra se integra.

Como podrás deducir, la autoconciencia desempeña un papel fundamental y crítico en el trabajo de la sombra. Cuando eres consciente de ti mismo, adquieres la capacidad de reconocer realmente a tu yo en la sombra. Hay varias razones por las que deberías intentar ser más consciente de ti mismo frente a este trabajo:

- **Identificación de proyecciones:** Cuando eres consciente de ti mismo, te resulta mucho más fácil reconocer cuándo proyectas los rasgos de tu sombra en los demás. Esto no sólo puede ayudarte a evitar ese hábito, sino que también te permite comprender e integrar tu sombra. Como resultado de la autoconciencia, tus interacciones externas se convierten en un espejo a través del cual puedes reflejarte en los aspectos ocultos de tu yo sombrío. Por lo tanto, la autoconciencia es importante porque puede ayudarte a comprender tus proyecciones.

- **Exploración de patrones inconscientes:** Todos tenemos patrones en nuestra forma de pensar, percibir y actuar, pero no todos somos conscientes de esos patrones. Cuando realmente desarrollas tus habilidades de autoconciencia, adquieres la capacidad de comprender lo que piensas, crees y haces, así como por qué existen. Los patrones inconscientes de tu vida, aquellos que sacas a la luz a través de la autoconciencia, pueden indicar elementos inconscientes que piden a gritos ser reconocidos. Por lo tanto, la autoconciencia ayuda con el trabajo de sombra al sacar a la superficie las tendencias inconscientes de tu vida.

- **Aceptación e integración:** Para reconocer realmente tu yo en la sombra y permitir que se incluya en tu vida cotidiana, tienes que ser más consciente de ti mismo. La autoconciencia sienta las bases para aceptar tanto los aspectos positivos como los negativos, fomentando un sentido de integración y totalidad. Esto es importante porque el trabajo con la sombra requiere fundamentalmente aceptación y, sin embargo, la existencia de la sombra indica una falta de esa conciencia. Mediante herramientas y ejercicios de autoconciencia, puedes abrirte más a las partes de ti mismo que has rechazado y sigues rechazando.

- **Facilitación del crecimiento personal:** Por último, la autoconciencia es importante porque te ayuda a fomentar realmente un crecimiento personal duradero. Cuando trabajas con la autoconciencia y las habilidades asociadas pertinentes, entiendes por qué haces lo que haces, sientes lo que sientes y quieres lo que quieres. Sólo con esta comprensión, puedes transformarte y navegar por el complicado paisaje interior de tu psique y tu sombra, lugares que, ahora mismo, pueden parecerte esquivos.

Aunque la psique es un camino largo y sinuoso, el trabajo de sombras y la autoconciencia sirven como una linterna que te guía por el sendero. Dicho esto, echemos un vistazo a algunas formas en las que puedes mejorar realmente tu autoconocimiento.

Técnicas para mejorar el autoconocimiento

Ahora ya conoces en detalle la importancia del autoconocimiento en el trabajo de la sombra, pero ¿qué puedes hacer para ser más consciente de ti mismo? El autoconocimiento no tiene un enfoque único, sino que incluye muchas técnicas diferentes, ¡y tú puedes encontrar las que te funcionen! Exploremos juntos algunas de las más comunes.

Meditación

Una forma de mejorar el conocimiento de uno mismo es a través de la meditación consciente. La meditación es mucho más que sentarse en el suelo con las piernas cruzadas y los ojos cerrados; es una práctica milenaria con brillantes beneficios, entre los que se incluye la mejora del autoconocimiento. Algunas de las formas más básicas de meditación son las siguientes:

1. Ponte en una posición cómoda en la que no te interrumpan. No es necesario que estés sentado para meditar: puedes tumbarte o incluso pasear por la habitación si quieres. Algunas personas prefieren meditar caminando.

2. Cierra los ojos o apóyalos suavemente en algo a lo lejos. A continuación, inhala y exhala lentamente, dejando que tu mente se concentre en las sensaciones de tu respiración.

3. Inevitablemente, surgirán pensamientos y sentimientos. En lugar de forzarlos o reprenderte por ellos, simplemente reconócelos y vuelve a concentrarte en la respiración.

4. Repite esto durante cinco o diez minutos, aumentando lentamente el tiempo que dedicas a meditar a medida que te familiarizas con la práctica.

Es así de sencillo. Con el tiempo, tu práctica de meditación hará aflorar pensamientos, sentimientos y patrones que están enterrados en lo más profundo de tu mente. Serás capaz de enfrentarte a esos aspectos de ti mismo, trabajarlos y aceptarlos cuanto más reflexiones y medites.

Diario

Pero, ¿y si la meditación no es lo tuyo? También tienes la opción de escribir un diario. Llevar un diario es una herramienta popular por una razón. Escribir lo que sientes, lo que piensas y cualquier otra cosa - incluso si tienes la sensación de estar escribiendo un montón de tonterías- puede ser de gran ayuda a la hora de resolver los problemas a los que te enfrentas. En Internet o en el diario que acompaña a este libro encontrarás un montón de sugerencias para llevar un diario de autoconocimiento que te ayudarán a profundizar en lo que sientes y por qué. Siempre recomiendo llevar un buen diario de papel y bolígrafo, pero si trabajas mejor con la computadora, ¡hazlo!

He creado un diario con espacio en blanco para escribir libremente, así como sugerencias directamente relacionadas con el trabajo de este libro para ayudarte a empezar. Siempre puedes usar un cuaderno en blanco para escribir, o encontrar el Diario de Trabajo de Sombras complementario en mi página de autor o buscando Diario de Trabajo de Sombras de Jane Kennedy.

Preguntas de autorreflexión

Del mismo modo, también puedes acostumbrarte a hacer preguntas de autorreflexión. En lugar de escribir las respuestas, las preguntas de autorreflexión son preguntas que te haces a lo largo del día para profundizar en tus sentimientos y motivaciones. Puedes hacerte preguntas como por qué has respondido así a alguien, qué te hace desear las cosas que quieres, etc.

En busca de opiniones

Otra cosa que puedes hacer para mejorar tu autoconocimiento es pedir opiniones. A menudo, quienes nos rodean se dan cuenta de cosas que nosotros no. Alguien que pasa mucho tiempo contigo, como un amigo o tu cónyuge, puede darse cuenta de los malos hábitos o las decisiones que tomas más fácilmente de lo que te das cuenta. Puedes pedir opiniones a personas en las que confíes, preguntándoles cosas como "¿Qué puedo hacer para ser mejor amigo?". Una persona de confianza estará dispuesta a ofrecerte retroalimentación constructiva con la genuina intención de ayudarte.

Evaluaciones de personalidad

Puedes trabajar con evaluaciones de personalidad en línea que te ayuden a entenderte a ti mismo con más detalle. Uno de mis favoritos es el Inventario de Personalidad de Myers-Briggs. Esta evaluación de la personalidad pone de manifiesto si eres más introvertido o extrovertido, cómo ves el mundo y mucho más. También puede ayudarte a identificar áreas problemáticas comunes que se solapan entre personas con tu mismo tipo de personalidad. También recomiendo el Eneagrama si buscas algo diferente. Los inventarios de personalidad pueden ser muy útiles para descubrir aspectos de nosotros mismos que antes no reconocíamos fácilmente.

Ejercicios de conciencia emocional

Los ejercicios de conciencia emocional pueden ayudarte a entender lo que sientes y a afrontar sentimientos reprimidos. Herramientas como las ruedas de emociones pueden ayudarte tanto a ampliar tu vocabulario emocional como a comprender los matices de lo que sientes, que es una parte importante de la conciencia emocional. Tienes que ser capaz de etiquetar e identificar tus emociones, y la clave para hacerlo está en los ejercicios de conciencia emocional.

Controles diarios

Puedes trabajar con comprobaciones diarias para aumentar tu conciencia emocional y tu autoconciencia. Dedica un tiempo cada día a preguntarte cómo te sientes, qué dificultades encuentras en ese momento y por qué estás agradecido. Puede que al principio te resulte incómodo, pero con el tiempo, preguntarte a ti mismo se convertirá en algo natural. Entenderás lo que sientes, por muy profundamente que estén enterrados esos sentimientos, lo que puede ayudarte a analizar las emociones de enfrentarte a tu sombra más adelante.

Expresión artística

También puedes utilizar la expresión artística para explorar tus emociones, lo que funciona incluso con las emociones más lejanas y enterradas. Incluso si no tienes un hueso artístico en el cuerpo, escribir, pintar, hacer manualidades o dedicarte al arte de cualquier otro modo - por muy frenético, desorganizado o "malo" que sea- puede ayudarte a sacar a la superficie emociones difíciles y permitirte trabajar con ellas con facilidad. Además, la expresión artística está relacionada con la mejora de la salud mental.

Expresión física

La autoconciencia también va más allá de la conciencia mental y la comprensión de tus comportamientos y pensamientos. Los aspectos físicos de la autoconciencia también pueden ayudarte a la hora de familiarizarte con la sombra. Los traumas, las emociones reprimidas y los recuerdos suelen "almacenarse" en partes del cuerpo en lo que respecta a algunas ramas psicológicas. Esto significa que puedes utilizar expresiones físicas de autoconciencia para ayudarte a sintonizar con tu cuerpo y tu conciencia.

Para ello, suelo recomendar una meditación de escaneo corporal. Para realizar esta meditación, debes sentarte o tumbarte en un lugar donde no te interrumpan. Respira profunda y claramente durante unos instantes, antes de llevar tu conciencia a los pies. De una en una, lleva tu atención a las distintas partes del cuerpo, desde los pies hasta la cabeza. Presta atención a la tensión, la sensibilidad, el dolor o incluso la comodidad en cada parte del cuerpo mientras lo haces, y de paso mejorarás tu músculo de la autoconciencia.

Como ya se ha comentado, el autoconocimiento es uno de los primeros pasos -y el más importante- necesarios para trabajar verdaderamente con tu sombra e integrarla. Por eso, tienes que trabajar con diferentes actividades para desarrollar esta habilidad. Una vez que la desarolles podrás identificar tu sombra.

De la autoconciencia a la identificación de sombra

Cuando se trata de identificar tus rasgos en la sombra, la autoconciencia desempeña un papel crucial. En la última sección, exploraste formas de aumentar tu autoconciencia. Dado que la sombra se compone de aspectos no integrados de tu identidad, la autoconciencia es importante; te ayuda a navegar por tu paisaje emocional, reconocer patrones y descubrir proyecciones que revelan elementos de ella. Ha llegado el momento de pasar de la mera autoconciencia a la identificación de los rasgos de tu sombra.

Puede que no te resulte evidente de inmediato cómo puedes hacer esa transición. Hay un salto bastante grande entre la autoconciencia y la verdadera identificación del yo-sombra, así que echemos un vistazo a algunas de las principales habilidades que pueden ayudarte a marcar la diferencia entre simplemente ser consciente de ti mismo y realmente identificar tu sombra. Sólo hacen falta cinco pasos.

Paso 1: Vigila tus reacciones emocionales

El primer paso en el proceso de pasar de la autoconciencia a la identificación de la sombra es centrarte en tus reacciones emocionales. Seas consciente de ello o no, cada día tienes miles de reacciones. Puede ser útil prestar especial atención a las emociones fuertes o intensas, o a las que parecen desproporcionadas en relación con una situación. Esas emociones fuertes suelen indicar que la sombra puede haberse disparado.

Por ser el primer paso, también se puede afirmar que es el más importante. Hay varias facetas diferentes de tus emociones que debes vigilar:

- **Intensidad:** Es importante reconocer la intensidad de las emociones. Incluso si dos emociones son "fuertes", pueden diferir en la intensidad sólo dentro de esa etiqueta. Presta atención a las emociones abrumadoras o intensas e intenta clasificarlas en una escala del uno al diez en lo que respecta a su gravedad. Es importante tener en cuenta la intensidad porque estas emociones fuertes pueden indicar algunos de tus problemas más profundos.

- **Fuente:** Tras identificar una emoción fuerte, es importante cuestionarse su origen. Considera si ha sido desencadenada por un problema actual o si tienes experiencias pasadas que están sacando a relucir emociones fuertes. Puede que sea una mezcla de ambas cosas. Intenta identificar el origen exacto de tus emociones más intensas.

- **Malestar:** Cuando la mayoría de las personas sienten emociones incómodas, su reacción instintiva es alejarlas. En lugar de hacer eso, intenta percibir tus emociones más difíciles como puertas al autodescubrimiento. Por ejemplo, si te sientes incómodo constantemente en una situación determinada, puede ser un indicador de que no estás reconociendo ciertos rasgos de sombra que necesitan tu atención.

- **No juzgar:** Puede ser tentador etiquetar tus emociones como "malas" o "buenas", pero queremos abstenernos de hacerlo a medida que avanzamos en el trabajo de sombra y la integramos. Intenta acercarte a tus emociones con una actitud de curiosidad y sin prejuicios, considerando lo que esas emociones pueden revelar sobre tu mundo interior.

Te recomiendo que anotes estas emociones en un diario o de cualquier otra forma durante tu viaje para aprovechar al máximo los pasos que siguen. Puedes utilizar un diario en blanco o el diario que acompaña a este libro.

Paso 2: Reflexiona sobre sus desencadenantes

Un desencadenante es una situación, acontecimiento, persona u otro recordatorio que trae a primer plano emociones inquietantes, negativas o angustiosas. Para superar tu sombra, es necesario que reflexiones sobre sus desencadenantes. Cuando sientas emociones fuertes, como se indica en el paso 1, tómate un tiempo para reflexionar sobre el desencadenante. Mientras que el último paso se centraba en la identificación, este paso se centra en preguntarse por qué. ¿Por qué te desencadena esa situación en particular y qué puede decirte sobre los aspectos más ocultos de tu personalidad?

Paso 3: Observa los patrones recurrentes

Llegados a este punto, es probable que hayas notado varios patrones recurrentes en lo que respecta a tus desencadenantes, y esto es completamente normal. A menudo, las personas notan el mismo tipo de emociones provocadas por desencadenantes similares, lo que indica un patrón en lo que respecta a las emociones, los desencadenantes recurrentes y mucho más.

Para examinar realmente tu sombra, es importante que tomes nota de los patrones recurrentes en tu forma de pensar, sentir y comportarte. Estos patrones pueden indicar distintos aspectos de tu sombra que son necesarios reconocer. Por ejemplo, puedes notar que con frecuencia ignoras o evitas ciertas situaciones. Explorar este patrón y por qué existe es una faceta importante del trabajo de sombra.

Paso 4: Diario de reflexión

El siguiente paso del proceso para convertir la autoconciencia en una gran capacidad para percibir la sombra es escribir un diario para obtener información. No puedo recomendarte lo suficiente que lleves un diario.

En el debes anotar tus reacciones emocionales, así como las reflexiones que tengas sobre esas emociones. En otras palabras, utiliza los tres últimos pasos para escribir tu diario. Escribe las situaciones que te provocan sentimientos intensos, sus respuestas y las percepciones que hayas obtenido. Con el tiempo, pueden surgir patrones que proporcionen pistas valiosas sobre tus rasgos de sombra.

Puedes simplemente anotar tus reacciones emocionales en un diario en blanco, buscar en internet algunas sugerencias de escritura que te gusten o utilizar las sugerencias de escritura que he preparado en mi Diario de trabajo de sombra.

Paso 5: Buscar opiniones

El último paso del proceso es pedir opiniones. Pedir retroalimentación puede dar bastante miedo; en esencia, es pedirle a alguien que mencione aspectos de ti mismo a los que eres muy vulnerable, lo cual es absolutamente valiente. Sin embargo, como parte de tu viaje para aceptar tu sombra, debes entablar conversaciones abiertas con personas de confianza, ya sean amigos, familiares o incluso tu terapeuta. Las perspectivas de otras personas pueden ofrecerte una visión de partes de ti mismo de las que no eres consciente, entre las que se incluyen los rasgos de sombra.

Con estos cinco pasos, puedes superar el simple autoconocimiento y empezar a indagar realmente en los rasgos de tu sombra que asoman a la superficie durante tus reacciones cotidianas ordinarias. Lo más importante es seguir estos pasos con constancia y ponerlos en práctica en lugar de abandonar. Con el tiempo, el proceso parecerá mucho más fácil.

Guía práctica: Cuestionario e interpretaciones

Si recuerdas, nuestros rasgos de la sombra pueden aparecer en nuestra vida de diversas maneras. Este cuestionario te permite identificar algunos de ellos.

Cuestionario de autodescubrimiento: Desvelar tus rasgos sombríos

Responde a las siguientes preguntas con sinceridad, eligiendo la respuesta que más se ajuste a tus pensamientos, sentimientos y comportamientos. Ten en cuenta que este cuestionario es una herramienta de autorreflexión y que no hay respuestas correctas o incorrectas. Cuenta tus puntos a medida que realizas el cuestionario en función de las respuestas que elijas. Después de completar el cuestionario, consulta el desglose de los resultados para comprender mejor los posibles rasgos de sombra.

1. Ante las críticas o los comentarios, mi reacción inmediata es:

    A. Aceptación y voluntad de aprender. (1 punto)

    B. Defensividad o sensación de ser atacado personalmente. (2 puntos)

    C. Indiferencia, ya que las opiniones de los demás no me molestan. (3 puntos)

2. En situaciones sociales, soy más propenso:

    A. Entablar una comunicación abierta y honesta. (3 puntos)

    B. Evitar los conflictos y mantener un ambiente armonioso. (1 punto)

    C. Mantenerme al margen y observar desde la barrera. (2 puntos)

3. Cuando cometo un error, mi respuesta típica es:

    A. Reconocer el error y buscar la manera de corregirlo. (2 puntos)

    B. Sentir vergüenza o culpabilidad. (3 puntos)

    C. Minimiza la importancia del error y pasa página rápidamente. (1 punto)

4. En mis relaciones más cercanas, tiendo a:

A. Compartir abiertamente mis vulnerabilidades y emociones. (3 puntos)

B. Luchar con la intimidad y temer ser demasiado dependiente. (2 puntos)

C. Valorar la independencia y evitar depender de los demás. (1 punto)

5. Cuando me encuentro con alguien con cualidades que me desagradan, lo más probable es que:

A. Reflexione sobre si esas cualidades existen en mí. (2 puntos)

B. Critique o me distancie de esa persona. (3 puntos)

C. Ignore las cualidades y me centre en los aspectos positivos. (1 punto)

Ahora, eche un vistazo al siguiente desglose de sus resultados para ayudarle a interpretar su puntuación:

- < 8 puntos: Tus respuestas sugieren un alto nivel de autoconciencia y la voluntad de explorar tus vulnerabilidades. Aunque puede que aún te queden aspectos de tu sombra por descubrir, demuestras apertura e introspección.

- 9-12 puntos: Hay indicios de que ciertos rasgos en la sombra pueden estar influyendo en tu comportamiento. Considera la posibilidad de reflexionar sobre las situaciones que te llevaron a reaccionar y explora si hay aspectos subyacentes no reconocidos de ti mismo en juego.

- 13-15 puntos: Tus respuestas sugieren que aspectos de tu sombra pueden ser más prominentes en tu comportamiento. Podría ser beneficioso profundizar en las situaciones en las que has puntuado más alto y explorar las motivaciones y emociones subyacentes.

Afirmaciones para la armonía interior

Al igual que en el último capítulo, las afirmaciones pueden ser una forma maravillosa de consolidar tu progreso y sanación. Algunas afirmaciones para la armonía interior son:

- Soy un faro de tranquilidad, que irradia calma en todos los aspectos de mi ser.

- Mi mente es un santuario de pensamientos positivos, que fomentan la paz interior y la serenidad.

- Acepto el flujo de la vida, encontrando el equilibrio en cada momento.

- Confío en la sabiduría de mi corazón, dejando que me guíe hacia la armonía interior.

- Con cada respiración, libero tensiones e invito a mi alma a la calma.

- Soy una reserva de resiliencia, capaz de superar los retos con gracia y serenidad.

- Hoy, elijo la armonía sobre la discordia, cultivando una existencia pacífica dentro de mí y a mi alrededor.

- Mi mundo interior es un jardín de tranquilidad, donde florecen la positividad y la armonía.

- Estoy en sintonía con el ritmo de la vida, armonizando con la energía del universo.

- Al desprenderme de las preocupaciones, invito a la armonía del momento presente a envolver mi espíritu.

Ahora que tienes conocimientos fundamentales sobre la sombra, puede que te preguntes, ¿qué ocurre en realidad, si *ignoras* la sombra? Tomémonos un tiempo para explorar sus consecuencias. ¿Estás preparado para enfrentarte a los aspectos más oscuros de tu personalidad, o seguirás ignorándolos por tu cuenta y riesgo?

Capítulo 3

Ignorar la sombra y sus consecuencias

La gente hará cualquier cosa por absurda que sea para evitar enfrentarse a su propia alma. -Carl Jung

¿Alguna vez has ignorado un pequeño problema de salud para que acabe convirtiéndose en algo grave? Ignorar tu sombra puede tener consecuencias similares para tu bienestar emocional y mental. Este capítulo te abrirá los ojos a lo que ocurre cuando haces la vista gorda a tu sombra.

El costo de descuidar la sombra

El costo de descuidar la sombra puede ser enorme. Mi amiga Sarah experimentó algo que le hizo ver esto de forma sorprendente, y ahora quiero compartir su historia contigo:

Uno de los mejores rasgos de Sarah era su capacidad para ser agradable y complaciente. Cada día, Sarah hacía todo lo posible por evitar los conflictos y proyectar una imagen abrumadoramente positiva. Esto significaba que los que la rodeaban la querían constantemente. Sus amigos y compañeros la apreciaban, los clientes del trabajo estaban encantados de trabajar con ella e incluso los transeúntes con los que se cruzaba sentían que irradiaba positividad. Pero, sin que Sarah lo supiera, albergaba una sombra no reconocida que había enterrado en lo más profundo de su psique.

Un día en el trabajo, Sarah se encontró con una situación que requería asertividad y habilidades para resolver conflictos. Lo que no sabía en ese momento era que se trataba de una prueba de un cliente para ver a quién contrataría para proyectos a largo plazo y bien remunerados en el futuro. En ese momento, Sarah se encontró paralizada por la indecisión y un miedo abrumador a la confrontación. Incapaz de expresar sus verdaderos sentimientos y necesidades, se vio envuelta en una red de malentendidos y oportunidades perdidas. Casi de inmediato se hizo evidente que no era compatible.

Si Sarah hubiera estado familiarizada con su sombra, hubiera sido consciente de sí misma y hubiera estado dispuesta a mejorar, se habría ganado una oportunidad ese día. Sin embargo, su falta de relación con la sombra tuvo un impacto bastante negativo en ella, y tampoco era la primera vez. La historia de Sarah es sólo un ejemplo de cómo ignorar la sombra puede ser una bola de demolición en tu vida.

El impacto de descuidar la sombra

Teniendo en cuenta la historia de Sarah, es importante explorar muchas de las otras formas en que la sombra y el hecho de ignorarla pueden tener repercusiones negativas. Al explorar las formas en que ignorar la sombra puede afectarte, es más probable que te sientas agobiado y abraces el trabajo con la sombra y la integración en su conjunto.

Relaciones tensas

Una de las consecuencias de ignorar o descuidar la sombra son las relaciones tensas. La sombra desempeña un papel fundamental en la forma en que interactuamos con las personas que nos rodean. Por lo tanto, es importante permitir que esta desempeñe un papel activo en tu vida para que las relaciones sean armoniosas; de lo contrario, si ignoras la sombra, tus relaciones sentirán el impacto. Descuidar la sombra específicamente puede tensar las relaciones porque afloran aspectos no reconocidos de tu personalidad. Ignorar la sombra también puede dar lugar a una autoexpresión inauténtica, malentendidos y estilos de apego poco saludables.

Estancamiento profesional

El estancamiento profesional también puede deberse a negarse a reconocer la sombra. Por ejemplo, si no comprendes los aspectos reprimidos de ti mismo, al igual que Sarah, no podrás desarrollar todo tu potencial. Los rasgos ocultos no reconocidos también pueden *causar* conflictos en el contexto profesional. Es posible que interactúes con compañeros de trabajo, superiores e incluso clientes con actitudes poco positivas debido a los rasgos de la sombra que salen a relucir. Como resultado, puedes perder oportunidades, contactos y mucho más.

Represión emocional

Cuando no prestas atención a tu sombra o no le prestas la atención que necesita, también estás reprimiendo intrínsecamente tus emociones. Esto se debe a que alguien que aleja su sombra a menudo está alejando facetas de su personalidad. En otras palabras, al descuidar la sombra, estás empujando al 100% esos sentimientos hacia abajo y lejos. Esto conduce a un conflicto cuando se trata de mostrar tu verdadero yo, interactuar auténticamente con los demás, y de otra manera empoderarte a través de tus emociones.

El papel de la proyección

Cuando no permites que tu sombra desempeñe un papel en tu vida por ignorarla o descuidarla, también hay que tener en cuenta el aspecto de la proyección. Esto se produce cuando reniegas de varios aspectos de ti mismo y luego ves esos rasgos en los demás. Ya hablamos de esto en profundidad en el último capítulo, pero la proyección también entra en juego cuando se descuida la sombra. Es debido a la negligencia que proyectas emociones y rasgos en otras personas. Si te tomaras el tiempo necesario para integrar esas emociones reprimidas, podrías fomentar relaciones más sanas y afrontar los retos con mayor eficacia.

Dicho esto, negar la sombra puede tener consecuencias graves. No *tienes* que ignorar la sombra para vivir una vida tranquila; de hecho, abrazar la sombra puede darte más oportunidades, más felicidad y, en general, una vida más satisfactoria. Tomemos lo que sabemos hasta ahora y exploremos cómo puedes superar las barreras comunes para abrazar la sombra.

El proyector incomprendido

Me gusta referirme al ego como el proyector incomprendido. A menudo se le malinterpreta o se le considera un villano, pero desempeña un papel crucial en nuestra estructura psicológica. Esto se debe a que, en el fondo, el ego es un defensor instintivo destinado a protegernos cuando nos sentimos en peligro o amenazados. A su vez, el ego es responsable de emplear diversos mecanismos de afrontamiento, como proyecciones, métodos de autoconservación y otros. Cuando se trata de comprender la sombra y a uno mismo, es vital entender las funciones y complejidades del ego.

El ego como yo construido

¿De dónde viene el ego y por qué hace lo que hace? El ego es, en esencia, una construcción mental. Es algo que hemos desarrollado a lo largo de nuestra vida. Influido por las experiencias, las expectativas sociales y las narrativas personales, el ego forma parte de nuestro sentido de la identidad y desempeña un papel vital en cómo nos desenvolvemos en el mundo que nos rodea. Sin embargo, muchas personas creen que el ego es en realidad un auténtico reflejo de quiénes somos y de nuestra naturaleza. En realidad, esto no es cierto; el ego suele mostrar una versión filtrada de nosotros mismos que está influida por el mundo que nos rodea.

El ego se sobrecompensa en estado frágil

Otra cosa que es importante entender sobre el ego es que puede sobrecompensar cuando se encuentra en un estado frágil. Se accede a este estado frágil debido a sentirse amenazado; cuando el ego siente una amenaza a su sentido construido del yo, se puede llegar a este estado. Como resultado, el ego se ve inspirado a emplear mecanismos de defensa. A medida que el ego intenta mantener una sensación de estabilidad, también puede sobrecompensar, lo que resulta en el énfasis en ciertos rasgos que pueden proteger a este yo construido de nuevas amenazas percibidas.

¿Por qué es importante el trabajo del ego?

Para trabajar con el ego y liberarte de estos intensos mecanismos de defensa y de las inseguridades que presenta, tienes que comprometerte con algo que se llama trabajo del ego: un proceso mediante el cual llegas a conocerlo y saber de qué se trata. Comprender sus entresijos es crucial para el crecimiento personal y el bienestar, y reconocer cómo nos protege el ego puede ayudarnos a caminar por la cuerda floja entre la autoconservación y la vida auténtica.

Más allá de eso, prestar atención al ego es el primer paso para romper la sombra firmemente enterrada. Cuando comprendes la actitud defensiva, la proyección y los malos hábitos de comunicación que aparecen en tu vida como resultado de tu ego, te resulta mucho más fácil comprender tu subconsciente y tu sombra.

Entonces, ¿cómo puedes trabajar tu ego? El ego puede ser un hueso duro de roer, pero hay algunas formas habituales de trabajarlo y llegar a conocerlo:

- **Deja que tu ego se presente:** ¿Sabías que si das espacio a esas partes tuyas reprimidas o desconocidas, saldrán a la superficie y se "presentarán"? No van a acercarse y decir: "Hola, soy Brenda", pero sin duda se darán a conocer. Para permitirte conocer a tu ego -y permitir que tu ego se presente- primero tienes que reconocer su papel. Comprende y acepta que el ego desempeña una función protectora y que sus acciones surgen de un esfuerzo genuino por protegerte a ti y a tu bienestar. Esto ayudará a tu ego a salir a la superficie para que puedas conocerlo.

- **Ten un encuentro amistoso con tu ego** Una de las mejores formas de establecer una conexión con tu ego y resolver los conflictos relacionados con él es tener un encuentro amistoso con él. Para ello, tienes que trabajar en mantener una mentalidad libre de juicios. Juzgar a tu ego -y a otras partes de ti mismo y a tu sombra- es la forma más rápida de hacerlos retroceder aún más. En lugar de eso, acércate a tu ego con curiosidad. Propónte reconocer su esfuerzo y expresa tu gratitud por sus instintos protectores hacia ti. Cuando tienes ese cambio de perspectiva que rodea a tu ego, te resulta mucho más fácil establecer una relación de cooperación con las otras partes de ti mismo.

- **Ponle nombre a tu ego:** Puede ser un poco difícil trabajar con esas partes de ti mismo cuando están estrechamente entrelazadas contigo. Y aunque forman parte de ti y de quién eres, un poco de separación puede ayudarte a analizar tu relación con tu ego, así como a resolver los problemas de estas partes. Por lo tanto, te recomiendo que le des a tu ego un nombre distintivo. Esto también puede ayudarte a distinguir tus respuestas impulsadas por él.

- **Conoce al ego desencadenado:** Cuando el ego se enfrenta a una situación desencadenante, pasa a un estado más defensivo. Esta es una oportunidad maravillosa para hablar con tu ego y comprender realmente de qué se trata. Cuando te enfrentes a una situación desafiante, intenta dar un paso atrás y simplemente observa cómo responde tu ego. En particular, fíjate si puedes notar cuándo el ego se siente amenazado y si puedes notar sus patrones de sobrecompensación. Estas medidas de autoconciencia pueden ayudarte a responder de forma más auténtica.

Ignorar la sombra: una bomba de tiempo

El ego está hecho para proteger el sentido construido de ti mismo, la versión de ti que presentas. Casi está hecho para proteger la máscara de tu sombra. Ignorarla sigue siendo una estrategia arriesgada a la hora de interactuar con los demás y contigo mismo. Descuidar la sombra hace que los problemas se acumulen y, como si metiéramos un montón de trastos en un armario, esa bomba acabará explotando. Cuando se trata de la sombra, esa explosión puede provenir de sucesos insospechados como la angustia emocional, la tensión en las relaciones y la desconexión de uno mismo, lo que significa que puede que tengas dinamita dentro que ya esté encendida.

En general, enfrentarse al ego puede parecer complicado; sin embargo, con constancia, práctica y esfuerzo, puedes marcar realmente la diferencia en la forma en que consideras al ego.

Riesgos mentales y emocionales

Ignorar o descuidar la sombra puede parecer una solución maravillosa. Cuando ignoras la sombra, no tienes que lidiar con aspectos "negativos" de lo que eres. Es más probable que la gente disfrute de tu compañía y te sientas como una buena persona con cero rasgos negativos. Sin embargo, ignorar la sombra puede tener consecuencias muy graves para tu salud mental y emocional. Estos riesgos van mucho más allá de la incomodidad inmediata de enfrentarse a la sombra y afectan al tejido mismo de nuestro bienestar.

Reprimir y avergonzarse de las partes menos atractivas

Cuando reprimes la sombra, te enfrentas a numerosas consecuencias de gran alcance que afectan casi todos los aspectos de tu vida. Algunas de esas consecuencias son:

- **Ansiedad:** Cuando no permites que los rasgos reprimidos de tu sombra salgan y jueguen, dándose a conocer y desempeñando un papel en tus interacciones, puedes desarrollar graves problemas de salud mental, uno de los cuales es la ansiedad debilitante. De hecho, los aspectos reprimidos del yo pueden manifestarse por sí mismos como ansiedad. Esto es doblemente cierto en situaciones en las que se desencadenan problemas no resueltos. Los miedos e inseguridades ocultos que plantea la negligencia de la sombra pueden provocar tensión y angustia constante.

- **Depresión:** Suprimir diferentes aspectos de uno mismo puede llevar a sentirse inauténtico. Negarte a reconocer los rasgos que tiene tu sombra puede provocar sentimientos de desesperanza y desesperación. Muchas personas con problemas de salud mental similares no se dan cuenta de que esos problemas pueden tener un origen tan simple como negarse a ser uno mismo. Los aspectos inexplorados de la sombra pueden entonces pesar mucho sobre ti, provocando una sensación de vacío, temor y angustia.

- **Autosabotaje:** El autosabotaje es una característica de muchas personas. Consiste en esforzarse intencionadamente por evitar el éxito o la alegría propios. Muchas personas se autosabotean en sus carreras, relaciones y demás, normalmente porque se sienten muy cómodas con que las cosas sigan igual, aunque eso signifique no crecer nunca o no tener la vida que uno merece. La sombra no reconocida puede dar lugar a comportamientos exacerbados de autosabotaje, como socavar el propio éxito personal y profesional.

- **Autodesprecio:** el autodesprecio implica una aversión o incluso un odio profundamente arraigados hacia uno mismo. Suele ser consecuencia de un trauma o una depresión y puede tener consecuencias catastróficas en la vida de una persona. Cuando se trata de suprimir la sombra, el autodesprecio puede ser un efecto secundario común. Proviene del hecho de que interiorizas juicios negativos sobre ti mismo, sobre aquellos rasgos que te esfuerzas demasiado en suprimir. Fácilmente, esto puede hacerte sentir una mala persona.

- **Baja autoestima:** La autoestima se refiere a cómo nos percibimos a nosotros mismos, lo que significa que hay buena y mala autoestima. Curiosamente, una buena autoestima se ha relacionado con una mayor sensación de bienestar, mejores interacciones con los demás y mucho más. Por lo tanto, es necesario tener al menos una autoestima decente para tener una vida mejor. Al mismo tiempo, alejar la sombra puede crear un sentido distorsionado de quién eres, lo que resulta en baja autoestima.

- **Comportamiento ofensivo o agresivo hacia los demás:** Cuando alejas tu sombra o la descuidas, puedes hacer que esta encuentre formas de expresarse, incluso si eso significa hacerlo de formas dañinas. Por lo general, la supresión de la sombra conduce a un comportamiento ofensivo, violento o agresivo hacia los demás. Esto se debe a que la sombra provoca proyecciones, embotellamiento de una bomba de tiempo como la mencionada anteriormente, y mucho más.

- **Relaciones malsanas o insatisfactorias:** La sombra también desempeña un papel en la forma en que interactuamos con otras personas. Está muy influenciada por el mundo que te rodea y eso incluye tus relaciones. A su vez, puede influir en ellas y en su dinámica. Cuando interactúas con los demás, tu sombra asoma la cabeza y te convierte en una persona enfadada, antagonista o con la que resulta difícil relacionarse, lo que perjudica a las relaciones en todas sus formas. Esto puede contribuir a que surjan conflictos, malentendidos e insatisfacción general en las relaciones.

- **Comportamiento ensimismado y egoísta:** La sombra engloba muchos de los rasgos que no son admirables. Esto puede incluir el ensimismamiento o el egoísmo. Por mucho que intentemos suprimir estas acciones, pueden asomar y dar lugar a complicaciones a la hora de vivir nuestra mejor vida. Verás, cuando la sombra nunca sale a jugar, hay más énfasis en ese ego, el yo construido, cuando se trata de cómo interactúas. Intrínsecamente, esto puede convertirte en un individuo mucho más egoísta, dejando que algunos de los peores y más exagerados aspectos de tu ego se apoderen de ti.

- **Deshonestidad:** Cuando no dejas que tu sombra desempeñe un papel significativo en tu vida, es fácil que te conviertas en una persona deshonesta, tanto contigo mismo como con los demás. La sombra es una amalgama de todas las partes de ti que son inaceptables o no deseadas a los ojos de la sociedad e incluso de ti mismo. Cuando rechazas partes de ti mismo sin cuestionarlas, empiezas a convertirte en una persona inauténtica.

- **Pensamientos de autolesión o suicidio:** En los casos más graves de ignorar la sombra, los pensamientos de autolesión o suicidio pueden llegar a ser habituales. En estos casos, es importante pedir ayuda.

Es importante tener en cuenta que, aunque los sucesos y casos anteriores puedan parecer aislados, como algo que ocurre de vez en cuando, se van acumulando. Un caso se suma al siguiente y, con el tiempo, todo empeora. A la larga, los efectos acumulados de descuidar la sombra pueden conducir a una profunda sensación de desconexión con uno mismo, con los demás y con el mundo. Esto muestra el valor del trabajo serio con la sombra y su integración.

La importancia del equilibrio

El equilibrio es vital para ayudarte realmente a integrar la sombra, evitando las desventajas de una mala integración de ella y cosechando al mismo tiempo los beneficios de una relación sólida. Antes te he presentado a mi amiga Sarah; ahora, conozcamos a mi amigo Alex y veamos qué ocurre cuando encuentras el equilibrio con la sombra.

Alex fue una vez una persona muy ansiosa y autocrítica. Cansado de que su vida estuviera dominada por la ansiedad y la duda, decidió emprender un viaje de autodescubrimiento e integración. Se empoderó a sí mismo al comprender por qué era importante enfrentarse a los aspectos menos ideales de quién era y, por tanto, empezó a aceptar el cambio con franqueza y valentía. Con el poder de la introspección, la terapia y el compromiso, Alex consiguió integrar su sombra.

Hoy, Alex da la bienvenida a retos, oportunidades de crecimiento y mucho más. Cuando algo le hace dudar de su capacidad, se esfuerza por afrontarlo de frente, apreciando la oportunidad de crecer. Las dudas o la ansiedad ya no le impiden alcanzar la grandeza.

Con el ejemplo de Alex en mente, es hora de analizar el valor del equilibrio y cómo es necesario para una vida plena.

Ventajas de lograr el equilibrio mediante la integración de la sombra

Innumerables beneficios acompañan al equilibrio de la integración de la sombra. Por ejemplo, la resiliencia emocional procede de su integracion. Se refiere a la capacidad de alguien para recuperarse de los retos emocionales con fervor. Ayuda a fomentar conexiones genuinas dentro de las relaciones y a evitar que las complicaciones le arruinen el día.

Este equilibrio te capacita para aceptarte a ti mismo y a todas tus partes, te ayuda a superar las críticas y a vencer la ansiedad y la depresión, entre otras cosas. Cuando se tiene resiliencia emocional, se aprovechan mejor las habilidades de toma de decisiones y otras estrategias para el éxito.

Tus relaciones personales y profesionales también tienen éxito cuando logras el equilibrio mediante la integración de la sombra. También ayuda a establecer conexiones más sólidas y fiables con amigos, pareja y familia. Más allá de eso, las oportunidades profesionales son amplias cuando finalmente aceptas tu sombra; ningún reto es demasiado para alguien con una conexión de sombra intensificada.

¿Por qué el equilibrio es esencial para una vida sana y feliz?

Más allá de lo anterior, el equilibrio es necesario para una vida feliz y saludable. Esto se debe a que te ayuda a:

- lograr un bienestar holístico, en el que cada parte de tu salud y naturaleza recibe apoyo.

- mantener la resiliencia ante la adversidad, haciendo que todos los retos de la vida sean navegables.

- establecer conexiones auténticas no sólo con otras personas, sino también contigo mismo.

- mejorar tu salud mental gracias a la reducción del conflicto interiorizado.

- encontrar satisfacción y crecimiento en actividades.

Dicho todo esto, la forma de alcanzar el equilibrio es integrando la sombra y comprendiendo el papel que ésta desempeña para convertirte en una persona fuerte y estable. Eso es lo que te ayudarán a lograr los capítulos siguientes.

Afirmaciones para el equilibrio

Como de costumbre, ha llegado la hora de las afirmaciones. Estas afirmaciones están pensadas para ayudarte a sentirte más dispuesto a enfrentarte a tu sombra e integrarla:

- Estoy dispuesto a explorar las profundidades de mi ser, comprendiendo que el crecimiento a menudo se encuentra en las sombras.

- Acojo todos los aspectos de mí mismo, tanto los luminosos como los oscuros, con compasión y curiosidad.

- Enfrentarme a mi sombra me permite vivir con autenticidad y mayor conciencia de mí mismo.

- Libero el miedo y abrazo las lecciones ocultas en los rincones inexplorados de mi psique.

- No me definen mis errores; me fortalecen las lecciones que me enseñan.

- Cada parte de mí merece amor y aceptación, incluidos los aspectos que me resultan difíciles.

- Al integrar mi sombra, recupero mi poder personal y mi autenticidad.

- Confío en mi capacidad para afrontar la incomodidad, sabiendo que conduce a un profundo autodescubrimiento.

- Enfrentarme a mi sombra es un acto de amor propio, y soy digno de ese amor.

- Dejo de juzgar y acojo todo el espectro de mi ser, abrazando la belleza de mis imperfecciones.

Uno de los primeros pasos que tienes que dar es reconocer los riesgos que conlleva ignorar tu sombra. Después, es importante aprender a entablar un diálogo constructivo con ella. Esto es exactamente en lo que te ayudará el Capítulo 4, que te permitirá descubrir técnicas que te ayudarán a iniciar este diálogo interior.

Capítulo 4

Hablar con tu sombra

Nuestras sombras guardan la esencia de lo que somos. Contienen nuestros dones más preciados. Al enfrentarnos a estos aspectos de nosotros mismos, nos liberamos para experimentar nuestra gloriosa totalidad: lo bueno y lo malo, la oscuridad y la luz.

-Debbie Ford

Las conversaciones dan forma a nuestras vidas. Pero, ¿alguna vez has mantenido una conversación contigo mismo? No sólo una charla superficial, sino un diálogo profundo con tu sombra. Descubre las técnicas que te permitirán entablar un diálogo interior significativo.

Desenvolver el diálogo interior

Cuando interactúas contigo mismo, mantienes una especie de diálogo en tu cabeza. Para algunas personas, se trata más bien de una conversación "verbal", en la que escuchan los distintos aspectos de la conversación. Para otras, esta conversación es más una línea de pensamiento, en la que "hablar" no interviene en absoluto. Independientemente de cómo sea tu diálogo interior, es importante comprender realmente no sólo lo que ocurre, sino también por qué ocurre y para qué sirve.

El diálogo interior es una conversación entre diferentes partes de ti mismo. Normalmente, la conversación de un diálogo interno tiene lugar entre el ego y el inconsciente, que puede incluir la sombra. Esta conversación es fundamental para ayudarte a percibirte a ti mismo y al mundo que te rodea, a interactuar con los demás, etc.

Para ayudar a ilustrar el concepto, vamos a sumergirnos en un ejemplo de lo que hace este diálogo interno y qué papel desempeña en tu vida. Conozcamos a Maya, una joven profesional que trabaja en un puesto bastante exigente en un lugar de trabajo con mucha energía. Tiene un diálogo interior muy activo, que influye especialmente en sus pensamientos durante las reuniones de oficina.

Recuerda que el ego es un personaje protector. Esto es exactamente lo que hace el ego de Maya; su ego es vigilante y protector y, durante las reuniones, le insta a proyectar una imagen que refleje lo competente y controlada que es, pero la sombra de Maya tiene una idea diferente. Está lleno de miedo a la vulnerabilidad y a la posibilidad de fracasar, que se entrelaza de forma caótica con su ego. A medida que las dos luchan en el diálogo interno, Maya se vuelve más reacia a expresar sus ideas o a expresarse, incluso cuando se espera que lo haga.

Durante el transcurso de la reunión, Maya experimenta un conflicto constante entre su deseo de reconocimiento por parte del ego y su miedo al rechazo por parte de la sombra. Mientras el ego anima a Maya a hablar y compartir sus conocimientos y experiencias, la sombra la insta a permanecer callada y evitar el rechazo o el juicio. Naturalmente, esto hace que a Maya le resulte bastante difícil funcionar adecuadamente durante las reuniones de trabajo.

Así puede ser también el diálogo interior de muchas personas. Mientras que el ego puede alentar comportamientos arriesgados, acciones audaces y elecciones asertivas, la sombra, al mismo tiempo, predica la cautela y te aconseja que te quedes quieto. Aunque este diálogo puede parecer inmediatamente hostil e inútil, puede aprovecharse para tu propio bien y ayudarte a triunfar. Ésta es sólo una parte más del trabajo en la sombra.

¿Por qué este diálogo es importante para el crecimiento personal?

El monólogo interno y el diálogo que llevas dentro pueden parecer bastante perjudiciales. ¿Por qué molestarse en trabajar en ello? Resulta que trabajar en este diálogo y comprender las dos partes de la conversación puede suponer un gran crecimiento personal. Algunas de las formas en que el diálogo interno puede contribuir al crecimiento personal son:

- **Identificación de pautas inconscientes:** Una forma en que el diálogo interno que experimentas puede ayudarte es permitiéndote identificar patrones dentro de tu comportamiento y pensamientos de los que ni siquiera eres consciente. Esto se debe a que los diálogos internos que tienes sirven como un espejo; realmente reflejan tus patrones y tendencias inconscientes. Cuando reconoces estos patrones, estás dando el primer paso para comprender la relación que existe entre el ego y la sombra.

- **Integración de aspectos reprimidos:** La sombra está llena de aspectos reprimidos de lo que somos. Curiosamente, estos aspectos pueden trabajarse prestando especial atención al diálogo interno. Este te permite identificar los aspectos de tu sombra. Al reconocer los rasgos que aparecen, puedes iniciar el proceso de integración. Esto significa que este diálogo es útil para reconocer la sombra y sus rasgos como un peldaño hacia la integración.

- **Mayor conciencia de uno mismo:** Intrínsecamente, el análisis y la comprensión de este diálogo entre la sombra y el ego permite que en tu vida aniden indicios de autoconciencia. Participar en la conversación interior fomenta el autoconocimiento a través de la comprensión de tus motivaciones, miedos, deseos y demás. Y en lo que respecta a la autoconciencia, este aumento de la capacidad para comprenderse a uno mismo puede ayudar al crecimiento personal y a afrontar los retos de la vida de forma intencionada.

- **Equilibrio en la toma de decisiones:** En el caso de Maya, puede ser realmente difícil tomar decisiones cuando tienes dos voces opuestas que te exigen cosas distintas. Pero cuando integras ambas voces y encuentras un equilibrio entre ellas, te conviertes en una estrella del rock a la hora de tomar decisiones inteligentes y bien pensadas. Comprender la interacción entre la sombra y el ego es clave para ello, sobre todo porque al entender tal cosa, puedes considerar tanto los factores conscientes como los inconscientes que te llevan a tomar decisiones auténticas.

- **Auténtica autoexpresión:** La sombra y el ego contribuyen a una interacción dinámica que implica la forma en que te presentas a los demás. Cuando alguien no equilibra su ego y su sombra, padece una expresión inauténtica que crea tensiones en sus relaciones. Por otro lado, un diálogo interior sano te anima a expresarte con autenticidad. Cuando te tomas el tiempo de abordar las preocupaciones tanto del ego como de la sombra, perfeccionas la capacidad de comunicarte genuinamente, fomentas conexiones más profundas y mucho más.

- **Resiliencia ante los retos:** Ya hemos mencionado la resiliencia, pero ¿sabías que trabajar con tu diálogo interior puede ayudarte a desarrollarla? Frente al miedo y la inseguridad, puedes encontrar fuerza emocional y capacidad de adaptación para superarlos.

- **Cultivar la compasión:** La compasión implica bondad, atención plena y cuidado de los que te rodean. Puedes ser compasivo tanto con tu ego como con tu sombra y, al hacerlo, también desarrollarás la habilidad de la autocompasión. Todo esto te ayuda a extender la compasión hacia otros individuos.

Así que, aunque la conversación interna entre el ego y la sombra pueda parecer puramente psicológica, puede ser una vía de descubrimiento y crecimiento. Este diálogo, aunque a veces desafiante, es un viaje necesario hacia la integración y la autenticidad. Ahora, es el momento de explorar cómo puedes aprovecharlo para mejorar tu autodescubrimiento.

La técnica del diálogo como herramienta

Ahora que entiendes los beneficios de trabajar con esta interconexión entre la sombra y el ego, puede que te preguntes qué viene después. ¿Cómo puedes interactuar con esta conversación y examinarla de verdad? ¿Qué hay que hacer para asegurar estos beneficios? Eso es lo que vamos a dedicar a explorar ahora mismo, y todo empieza con la técnica del diálogo.

La técnica del diálogo es una estrategia creada para ayudarte a mantener una conversación interior constructiva entre tu sombra y tu ego. Normalmente, se permite que estas dos partes campen a sus anchas, pero puedes ayudarlas a comunicarse con éxito mediante esta estrategia. Es una herramienta práctica que puede permitirte buscar el autoconocimiento, el crecimiento personal y la integración tanto de la sombra como del ego. Entonces, ¿cómo puedes trabajar con la técnica del diálogo?

Pasos de la técnica del diálogo

Aquí te presento diez pasos que pueden permitirte profundizar realmente en la técnica del diálogo, superando las luchas relacionadas con este diálogo interior y ayudándote a reflexionar a fondo sobre lo que ocurre entre tu sombra y tu ego. Sólo tienes que seguir estos pasos:

1. Crea un espacio seguro para tu práctica. Lo primero que tienes que hacer para trabajar con tu sombra y tu ego de forma matizada es crear un espacio seguro. Debes encontrar un espacio cómodo donde puedas entablar este diálogo sin distracciones. Lo ideal es que encuentres una habitación o una

zona en la que puedas estar solo e incluso tener cerca algunas bebidas, un diario y otros materiales para que no tengas que abandonar el espacio durante la práctica.

2. Establece una intención. Las intenciones son una especie de tema para una práctica. Muchas personas fijan una intención para la meditación. Suele ser una palabra como "paz", que representa lo que se espera obtener de la práctica. Esto no sólo te ayuda a mantener el rumbo de tu experiencia, sino que también anima a tu subconsciente a trabajar en pos de esa intención.

3. Identifica el ego y la sombra. Ahora es el momento de intentar identificar quién es el ego y quién es la sombra. Normalmente, el ego representa los deseos y pensamientos conscientes, mientras que la sombra expresa miedos ocultos, inseguridades o aspectos no reconocidos. Así es como mejor vas a poder distinguirlos. Esta identificación es vital para los pasos siguientes, ya que no puedes escuchar al ego o a la sombra si no sabes quiénes son.

4. Inicia el diálogo. Lo creas o no, tienes todo el poder para iniciar la conversación entre la sombra y el ego. Al hacerlo, puedes entablar una conversación pacífica cuando no haya un conflicto entablado. Durante esta iniciación, debes empezar por dirigirte al ego. Puedes preguntarle qué quiere, qué teme y qué quiere proteger. Al hacerlo, estarás abriendo una conversación constructiva y una oportunidad de expresión.

5. Escucha la respuesta del ego. Ahora es el momento de relajarte y dejar que tu ego se exprese plenamente. Puede que suene como una voz en tu cabeza, o puede que sólo sean pensamientos que cruzan tu mente. Sea cual sea la forma que elija tu ego para expresarse, simplemente escucha. También te recomiendo que anotes en un diario las respuestas de tu ego a medida que las escuchas, ya que esto puede ayudarte a seguir la conversación. Escucha al ego con curiosidad, y siéntete libre de responder y reconocerlo en tus palabras.

6. Transición a la sombra. Ahora que has abordado el ego, es el momento de echar un vistazo a la sombra. Debes preguntar a la sombra por sus miedos, preocupaciones y aspectos que considera inaceptables. Al igual que escuchaste al ego, es importante dar espacio a la sombra para hablar y expresarse.

7. Escucha la respuesta de la sombra. Con curiosidad, permite que la sombra tenga un espacio para expresar sus vulnerabilidades. Comprender lo que la sombra tiene que decir puede facilitar también la integración de esas cualidades. De nuevo, recomiendo anotar y grabar los pensamientos que la sombra tiene que decir y considerarlos con una mente abierta, creando un aire de respeto hacia ambas facetas de ti mismo.

8. Facilita un diálogo constructivo. Una vez que hayas conseguido que ambas partes hablen y tengan un diálogo superficial, es hora de hacer de mediador entre el ego y la sombra. Anima a ambos a hablar entre sí y a colaborar en la búsqueda de soluciones. Estas soluciones deben ayudar a conseguir los deseos del ego sin reprimir aún más las vulnerabilidades de la sombra. Asegúrate de tomar buenas notas a medida que se alcancen estos compromisos.

9. Reflexiona sobre las percepciones. A medida que el diálogo avanza y retrocede, vas obteniendo cada vez más información. Una vez completados y registrados los principales aspectos del diálogo, es hora de reflexionar sobre las percepciones que has obtenido. En concreto, piensa en cómo la integración de ambas perspectivas puede dar lugar a respuestas más equilibradas y auténticas.

10. Expresa tu gratitud. Cuando la conversación llegue a su fin, asegúrate de expresar tu gratitud tanto por el ego como por la sombra, así como de reconocer el papel que cada parte desempeña en tu autodescubrimiento y crecimiento.

A medida que vayas aplicando la técnica del diálogo, te resultará mucho más fácil discernir no sólo lo que cada parte intenta comunicar, sino también cómo puedes incentivar la cooperación entre los distintos componentes de ti mismo.

¿Por qué es importante la técnica del diálogo?

Participar en esta técnica de diálogo es mucho más que un mero ejercicio teórico; es una forma práctica y transformadora de adquirir conciencia de uno mismo, fomentar la armonía interior y facilitar verdaderamente el crecimiento personal. Cuando te tomas el tiempo de reconocer tanto el ego como la sombra, puedes obtener una valiosa perspectiva sobre cómo afrontar los retos de la vida con resiliencia y autenticidad. Con esta habilidad, se tiende un puente entre los reinos conscientes e inconscientes para lograr un enfoque más holístico e integrado del autodescubrimiento.

Domar al crítico interior

El crítico interior es otro aspecto de tu mundo interno que necesitas comprender cuando se trata de hablar con tu sombra. ¿Qué es el crítico interior? El crítico interior es, en realidad, una manifestación de la sombra. No forma parte de la sombra, sino que es la forma en que la sombra se manifiesta internamente cuando se trata de ciertos aspectos de la comunicación. Este desempeña un papel en el escrutinio; juzga tus pensamientos, acciones y habilidades, al tiempo que altera tu vida y el equilibrio entre el ego y la sombra. Esto, a su vez, contribuye a aumentar el conflicto interior y a obstaculizar el crecimiento personal.

Impactos negativos de la crítica interior

Los efectos negativos del crítico interior son de gran alcance. Después de todo, si el crítico interior fuera una fuerza positiva, ¿no se le llamaría animador interior? Al comprender las consecuencias que provoca puedes dejar atrás sus efectos perjudiciales y adentrarte en un terreno de crecimiento personal y autoconocimiento. Sin embargo, tenemos que hablar de esos impactos negativos.

Una forma en que el crítico interior puede influir negativamente en ti es erosionando tu autoestima. Las palabras que nos decimos a nosotros mismos son importantes, especialmente cuando se trata de nuestra propia percepción. Si pasas incontables años destrozándote a ti mismo, entonces vas a sentir esos impactos. Esto es exactamente lo que puede hacer un crítico interior descontrolado. Dado que el trabajo del crítico interior consiste en resaltar los defectos y carencias percibidos, puede resultar difícil tener confianza y seguridad en uno mismo. Con el tiempo, estos impactos pueden distorsionar la imagen que tienes de ti y provocar sentimientos de inadecuación.

Otro factor importante es que el crítico interior puede mermar tu capacidad para tomar decisiones. Cuando tienes una voz que te regaña y te molesta constantemente, puede llevarte a la duda y a la indecisión. Se sabe que el crítico interior siembra la incertidumbre, lo que significa que puedes tener problemas con tu capacidad o confianza para tomar decisiones con seguridad. Al mismo tiempo, la toma de decisiones es donde tenemos la oportunidad de demostrar nuestra confianza y capacidad, especialmente en el trabajo o en otros entornos competitivos. Naturalmente, este puede perturbar esta dinámica.

Además, el crítico interior puede tener importantes repercusiones en tu salud mental. Muchas personas atribuyen su estrés, ansiedad y depresión a un crítico interior implacable, y no les culpo. El flujo constante de comentarios negativos puede conducir a una mentalidad tóxica, lo que resulta en una disminución del bienestar mental.

La buena noticia es que no tienes por qué dejar que él sea la fuerza motriz de tu vida. Hay un montón de habilidades y métodos que pueden ayudarte a superar la agonía de un crítico interior inflexible, y todo empieza por la autocompasión.

El papel de la autocompasión

Mientras trabajas con tu crítico interior y los problemas que presenta, la autocompasión va a ser importante. Esta es uno de los agentes más poderosos que tenemos para contrarrestar sus efectos dañinos. En esencia, la autocompasión consiste en tratarse a uno mismo con amabilidad y comprensión. También implica comprender que la imperfección es una experiencia compartida. Al fomentar la autocompasión, puedes convertir tu duro crítico interior en una voz alentadora y comprensiva. Pero, ¿cómo fomentar la autocompasión?

Estrategias para fomentar la autocompasión

Mindfulness (conciencia plena)

Existen innumerables formas de fomentar la autocompasión, especialmente en el caso de una dura crítica. Por ejemplo, puedes utilizar la conciencia plena para dominar a tu crítico interior. La atención plena implica ser consciente de lo que dices, piensas y crees. Esto significa que para desmantelar con éxito los impactos de tu crítico interior, necesitas cultivar la conciencia de tus pensamientos y emociones, especialmente cuando estás experimentando un momento de autocrítica. Esta conciencia puede ayudarte a observar al crítico interior como un extraño, creando un espacio para la autocompasión definitiva.

Afirmaciones positivas

Puedes trabajar para desarrollar compasión por ti mismo a través de afirmaciones positivas. Hasta ahora, cada capítulo, incluido éste, ha terminado con 10 o más afirmaciones positivas. Puede parecer que estas no hacen gran cosa, pero si te las repites a ti mismo, con el tiempo empiezan a arraigar en tu conciencia. Al igual que las afirmaciones negativas pueden afectar tu autoestima, las positivas también. Por eso las afirmaciones son especialmente valiosas cuando se trata de contrarrestar una crítica interior omnipresente.

Diario

Otra técnica que puedes utilizar para cultivar la autocompasión es escribir un diario. No puedo insistir lo suficiente en lo valioso que es escribir cuando se trata de crecer como ser humano y eso incluye el desarrollo de la autocompasión. La mejor manera de llevar un diario de autocompasión es escribir respuestas compasivas hacia tu crítico interior. Cuando tu crítico interior te diga palabras duras, contrarresta esas palabras con alternativas amables y de apoyo. Esto te ayudará a fomentar el hábito de la autocompasión para que responda automáticamente a las críticas de forma positiva.

Meditación

Puedes participar en una meditación guiada orientada a la autocompasión. Para conseguirlas solo tienes que buscar en internet a través de aplicaciones como Headspace. Suelen emplear una mezcla de visualización, afirmaciones y atención plena de tal forma que realmente te ayudan a comprenderte y a sentir compasión por ti mismo.

Pausas de autocompasión

El último consejo que tengo para ti cuando se trata de cultivar la autocompasión es tomarte descansos. Cuando te encuentres falto de compasión hacia ti mismo, especialmente en momentos de crítica, da un paso atrás. Reflexiona sobre lo que está pasando e intenta comprender tus pensamientos desde una perspectiva más compasiva.

El proceso de domar a tu crítico interior a través de la autocompasión es transformador y mejora la calidad general de tu vida, así como el diálogo interno entre tu ego y tu sombra. Cuando sustituyes la autocrítica por la autocompasión, puedes crear un mundo interior más propicio, que permita una interacción constructiva entre los aspectos conscientes e inconscientes de lo que eres. Este cambio no sólo contribuye al bienestar personal, sino también a cultivar una trayectoria vital más auténtica y armoniosa.

Explicación del Diario de sombra

Un diario de sombra es una herramienta poderosa y estructurada. Su objetivo es ayudar a iniciar y guiar el diálogo entre el ego y la sombra. Cuando utilizas un diario de sombra, creas un espacio de autodescubrimiento que puede ayudarte a comprender mejor tu interior y a integrar sus rasgos.

Beneficios

Puede que te preguntes cuál es su valor. Resulta que hay un sinfín de beneficios que acompañan, entre ellos:

- **Mayor conciencia de uno mismo:** Llevar un diario es una puerta de entrada a una mayor conciencia de uno mismo, que te da la oportunidad de observar y comprender cómo se entrelazan los elementos conscientes e inconscientes de ti.

- **Identificación de patrones:** Escribir un diario es una forma magnífica de aumentar la conciencia sobre temas, emociones, comportamientos y mucho más en lo que se refiere a tu vida, arrojando luz sobre aspectos que pueden pertenecer a la sombra.

- **Regulación emocional:** Expresar y analizar tus emociones a través del diario puede ayudar a construir la regulación emocional y, a su vez, mejorar tus respuestas emocionales al mundo que te rodea.

- **Empoderamiento en la toma de decisiones:** El diario te ayuda a sintonizar mejor con la dinámica entre el ego y la sombra, lo que te proporciona una mayor claridad a la hora de tomar decisiones.

Los diarios de sombra son una forma maravillosa de comprenderla e integrarla, así que veamos un proceso paso a paso para llevarlo a cabo.

Mantener un Diario: Guía paso a paso

Aquí encontrarás todas las instrucciones que necesitas para mantener un útil diario del trabajo de sombra. Puedes utilizarlas junto con cualquier cuaderno en blanco, y también tengo mi Diario de Trabajo de Sombra por Jane Kennedy disponible para la compra si deseas algo pre-organizado con indicaciones para que puedas empezar.

Sólo hay siete pasos, lo que lo convierte en una práctica muy sencilla de comenzar y mantener. Ten en cuenta que se te proporcionará un cuaderno de trabajo separado para que lo descargues, así que no te estreses demasiado por adquirir el hábito de llevar un diario de sombras ahora mismo. De momento, veamos los pasos que hay que seguir:

1. Establece una intención. Antes de empezar a escribir tu diario o tu práctica en general, es importante establecer una intención. Si recuerdas, establecer una intención es importante porque te mantiene centrado en tu objetivo y en los resultados de una práctica. Cuando establezcas tu intención, asegúrate de reconocer que el diario sirve como espacio seguro para explorar y comprender los aspectos ocultos de ti mismo.

2. Elige un formato. Tienes opciones para llevar un diario físico o digital, incluso dentro de esas dos categorías, hay cientos de opciones. Decide qué formato te va mejor y acostúmbrate a llevar un diario con las herramientas adecuadas.

3. Dedica tiempo a escribir. Recomiendo encarecidamente elegir un momento específico cada semana o incluso cada día para trabajar en tu diario sombra. Esto se debe a que la consistencia es vital cuando se trata de establecer una práctica reflexiva.

4. Utiliza estímulos. Los estímulos pueden ser una forma divertida y práctica de explorar tu interior. Puedes utilizar algunas de ellas:

    A. "Hoy, mi ego sintió..."

    B. "Noté que surgía un aspecto sombrío cuando..."

    C. "En situaciones difíciles, mi respuesta tiende a ser..."

5. Reflexiona sobre las respuestas emocionales. Asegúrate de prestar atención a estas reacciones, porque pueden ser indicadores vitales de aspectos ocultos que están saliendo a la superficie.

6. Exprésate sin juzgar. Recuerda que escribir un diario debe ser una tarea libre de juicios. Por lo tanto, debes dejar que tus pensamientos salgan sin censurarlos ni juzgarlos, utilizando la honestidad y la curiosidad para impulsar tu exploración en lugar de la perfección.

7. Revisar y reflexionar. Es una buena idea revisar periódicamente las entradas del diario. Esto te brinda una oportunidad inestimable para reflexionar sobre patrones, temas recurrentes y cambios de conciencia, y también te ofrece una valiosa perspectiva de tu relación evolutiva con el ego y la sombra.

Dicho esto, te recomiendo que descargues el cuaderno de trabajo complementario y lo utilices para tu diario de trabajo en la sombra.

Afirmaciones para el diálogo interior

Estas afirmaciones están orientadas a ayudarte a facilitar un equilibrio saludable dentro de este diálogo del que hemos estado hablando. Algunas de las afirmaciones que puedes probar son:

- Acepto la sabiduría que proviene del diálogo entre mi ego y mi sombra, comprendiendo que ambos aspectos contribuyen a mi yo único y en evolución.

- Invito a mi ego y a mi sombra a colaborar, reconociendo que su interacción encierra valiosas ideas para mi crecimiento personal.

- Libero juicios y cultivo la compasión mientras navego por la conversación interior entre mi yo consciente e inconsciente.

- Reconozco que mi sombra no es mi enemiga, sino una guía que me revela los aspectos ocultos que contribuyen a mi integridad.

- Doy espacio a la vulnerabilidad en mi diálogo interior, reconociendo que la autenticidad surge de la aceptación tanto de la luz como de la sombra dentro de mí.

- La danza entre mi ego y mi sombra es un proceso continuo de autodescubrimiento, y abrazo el viaje con curiosidad y apertura.

- Confío en que el diálogo entre mi ego y mi sombra sirven a mi crecimiento, conduciéndome hacia una existencia más auténtica y plena.

- Cuando reflexiono sobre mí mismo, acojo con satisfacción las lecciones que surgen de las conversaciones entre mi mente consciente e inconsciente.

- Elijo ser un observador de mi diálogo interior, fomentando un sentido de distanciamiento que me permite responder con sabiduría en lugar de reaccionar con miedo.

- En el diálogo entre mi ego y mi sombra, encuentro equilibrio y armonía, reconociendo que ambos aspectos contribuyen al vibrante tapiz de mi ser.

Recuerda que puedes repetirlas a diario, escribirlas o simplemente pensarlas con confianza para que hagan su magia.

Comprender este monólogo interior es un paso de gigante para familiarizarte con tu sombra. Ahora, vamos a ver algunos ejercicios te ayudarán a desenterrarla un poco más, proporcionando otra capa de profundidad a tu viaje del trabajo de sombra.

Nota especial del autor

Estimado lector,

Al detenerte aquí, en el ecuador de nuestro viaje juntos, espero que hayas encontrado las páginas esclarecedoras y agradables. Si este libro te ha conmovido, te ha suscitado nuevas ideas o te ha ofrecido valiosas perspectivas, tengo que pedirte un pequeño favor.

¿Considerarías dejar una reseña?

Tus opiniones y experiencias son muy importantes. Al compartir una reseña, no sólo me apoyas como autora, sino que también guías a otras personas que podrían beneficiarse de este libro. Tus palabras pueden iluminar el camino de otra persona que busque las ideas y conocimientos que tú has descubierto.

Si no tienes tiempo para escribir una reseña, dedica un breve momento a dejar una calificación con estrellas si consideras que este libro es valioso.

Gracias por formar parte de esta historia. Tu voz puede marcar una profunda diferencia.

Saludos cordiales,

Jane Kennedy

Capítulo 5

Al encuentro con tu sombra

Al reintegrar nuestras sombras, recuperamos nuestro "yo perdido" y empezamos a conocer de verdad nuestra totalidad.

-*Christie* Inge

La acción conduce a los resultados. No basta con conocer tu sombra, también debes interactuar con ella. Este capítulo te ofrece ejercicios prácticos para desenterrar tu sombra e interactuar con ella a un nivel más profundo.

El poder de las preguntas en el trabajo de sombra

Hacerse preguntas es una herramienta fundamental y poderosa en el camino del autodescubrimiento. Tu capacidad para formular y responder a preguntas sobre ti mismo y tu transformación te sirve de brújula que te guía por el sinuoso laberinto de tus pensamientos, emociones y creencias. Son las preguntas que te haces a ti mismo las que te permiten conocer e integrar la sombra.

Ejercicio 1: Preguntas que invitan a la reflexión

En esta actividad, tendrás la oportunidad de enfrentarte a más de 50 preguntas que te permitirán adentrarte en los reinos ocultos de la sombra. Al embarcarte en este ejercicio, ten en cuenta tanto tus respuestas inmediatas como las emociones profundas que surgen. Intenta aventurarte en cada pregunta y ver qué puedes desenterrar.

1. ¿Cómo te describirías ante un desconocido?
2. ¿Qué rasgos crees que los demás perciben en ti?
3. ¿Hay aspectos de ti mismo que ocultas a los demás? ¿Por qué?
4. ¿Qué temores acechan a menudo en el fondo de tu mente?
5. ¿Cuándo te sientes más vulnerable o inseguro?
6. ¿Cómo afrontas los sentimientos de inadecuación?
7. ¿Qué patrones recurrentes observas en tus relaciones?
8. ¿Qué significa el éxito para ti?
9. ¿Cuáles son tus deseos o fantasías más secretos?
10. ¿Qué recuerdos o experiencias de la infancia te siguen influyendo?
11. ¿Cómo respondes a los cambios o a los retos inesperados?
12. ¿Con qué frecuencia reflexionas sobre ti mismo?
13. ¿Qué valores son los más importantes para ti?
14. ¿A quién admiras y por qué?
15. ¿Hay talentos o pasiones que hayas descuidado o mantenido ocultos?
16. ¿Cómo describirías la relación co tu cuerpo?

17. ¿Cómo gestionas los errores o asumes la responsabilidad de tus actos?

18. ¿Cómo enfocas el perdón, tanto el tuyo como el de los demás?

19. ¿Has reflexionado sobre el propósito o el sentido de tu vida?

20. ¿Cómo respondes a las figuras de autoridad?

21. ¿Hasta qué punto estás en sintonía con tu intuición?

22. ¿Cómo ves la muerte?

23. ¿Existen temores o creencias sobre el más allá que influyan en tus decisiones?

24. ¿Cómo estableces y mantienes los límites personales?

25. ¿Hay situaciones en las que te cuesta imponerte o poner límites?

26. ¿Has desechado alguna vez tus instintos para conformarte o complacer a los demás?

27. ¿Te has rebelado alguna vez contra las normas o expectativas sociales?

28. ¿Hay pasiones o vocaciones que hayas descuidado en pos de la practicidad?

29. ¿Qué te aporta una profunda sensación de plenitud y propósito?

30. ¿Hay rencores o resentimientos que guardas?

31. ¿Cómo afecta el acto de perdonar a tu sensación de libertad?

32. ¿Hay casos en los que has echado la culpa a otros o a circunstancias externas?

33. ¿Existen expectativas sociales que influyan en cómo percibes tu físico?

34. ¿Qué creencias sobre tu cuerpo has heredado o interiorizado?

35. ¿Qué barreras te impiden expresar plenamente tu lado creativo?

36. ¿Qué rasgos de los demás provocan fuertes reacciones en ti?

37. ¿Cómo ves a quienes encarnan cualidades que aspiras poseer?

38. ¿Has comprometido alguna vez tus valores para encajar o evitar conflictos?

39. ¿Hay valores a los que te sientes presionado por la sociedad?

40. ¿Hay aspectos de ti mismo que evitas explorar intencionadamente?

41. ¿Qué emociones surgen cuando te enfrentas a verdades incómodas sobre ti mismo?

42. ¿En qué áreas de tu vida te resistes al crecimiento o a la transformación?

43. ¿Qué creencias sobre ti mismo limitan tu potencial de crecimiento?

44. ¿Hay emociones reprimidas de tu infancia que siguen afectando tu comportamiento?

45. ¿Hay aspectos de ti mismo que consideras tabú o inaceptables?

46. ¿Cómo reaccionas cuando afloran esos deseos ocultos?

47. ¿Cómo gestionas el fracaso o los contratiempos?

48. ¿Hay logros a los que restes importancia o desestimes?

49. ¿Hay aspectos de tu personalidad que destacan más en determinadas relaciones?

50. ¿Cómo reaccionas ante las críticas o los conflictos?

Aunque pueda parecer una lista exhaustiva de preguntas, cada una de ellas tiene el claro propósito de ayudarte a navegar por tu mundo interior y tu sombra. Completar este ejercicio es un gran paso adelante en el proceso de autodescubrimiento, ya que sienta las bases para una comprensión más profunda de las fuerzas inconscientes y subconscientes que hay en ti.

Visualizar las complejidades de la sombra

Una parte profunda y detallada de ti, puede ser difícil comprender realmente cómo es la sombra a nivel metafórico o físico. Ahí es donde esta sección puede ayudarte de verdad. Todo comienza con una comprensión firme de las ayudas visuales y los mapas mentales y de cómo ambos pueden emplearse para beneficiarte a la hora de explorar la sombra.

Las ventajas de los mapas mentales y otras ayudas visuales para ideas complejas

Ahora, te oigo preguntar: "¿Para qué sirve un mapa mental? ¿No es algo que usan los niños de primaria?". Y, en cierto sentido, tienes razón. El mapa mental es una herramienta tan valiosa que se enseña incluso en los años formativos de la educación para ayudar a los niños a comprender ideas complejas. Es mucho más que una herramienta de enseñanza; los beneficios de las ayudas visuales se extienden también a tu vida adulta.

Una de las ventajas de los mapas mentales y las representaciones visuales es que permiten ver y contemplar realmente una idea, en lugar de sólo imaginársela o tratar de entenderla mentalmente. A menudo, esto puede ser mucho más fácil cuando se trata de ayudar a la gente a entender conceptos más intrincados. No sólo todo está dispuesto delante de ti, lo que ayuda al cerebro a establecer sus propias conexiones inconscientes entre los materiales, sino que los colores, las formas y otras estrategias de los mapas mentales también pueden crear una estructura visual clara y memorable. Esto significa que son una forma fenomenal tanto de comprender como de retener la información que se estás viendo.

Además, los mapas mentales son una forma maravillosa de mejorar la claridad organizativa. Cuando todas tus ideas se agolpan en tu mente, es fácil que se enreden como un ovillo de hilo de gato. Incluso para las mentes más lógicas y racionales, cargar con tanta información intrincada puede volverse rápidamente confuso o enrevesado. Aquí es donde los mapas mentales pueden hacer su magia. En estas situaciones, los mapas mentales pueden ayudarte a comprender la información de forma jerárquica y organizada. Y eso no es todo: los mapas mentales también son fenomenales para ayudarte a ver las relaciones entre los distintos componentes de una idea, lo que contribuye a que te resulte más fácil seguir el flujo de información.

Se sabe que los mapas mentales mejoran la retención de la memoria. Como los mapas mentales emplean un aspecto visual y espacial para organizar la información, resulta fácil para las distintas mentes asimilarlo todo a su manera. Como resultado, la combinación de imágenes y palabras puede estimular diferentes partes del cerebro, ayudándole a recordar puntos clave. Y, aunque no memorices a la fuerza bruta los conceptos del trabajo de sombra, no te equivoques; mantener estas conexiones y complejidades listas en tu mente será poderoso para navegar por la vida con la ayuda de una sombra integrada.

Los mapas mentales son también una fuente conmovedora de creatividad. Cuando se trabaja con un mapa mental, el pensamiento creativo es inherente. Un mapa mental implica organizar la información de forma no lineal. Este formato estimula los músculos creativos, ya que permite examinar los matices de la conexión entre una información y otra. Por otra parte, el formato visual de un mapa mental es maravilloso para facilitar la lluvia de ideas y explorar diversas soluciones, lo que significa que los mapas mentales son un diamante en bruto cuando se trata de producir ideas y soluciones innovadoras.

¿Sabías que un mapa mental también puede ser un catalizador estelar de la comunicación? Los mapas mentales se utilizan a menudo en entornos de grupo, ya que proporcionan una experiencia visual compartida que puede mejorar la comprensión y la colaboración entre un equipo. A su vez, esto fomenta una comunicación eficaz. Ahora bien, en realidad no tienes un grupo de personas apiñadas en torno a una mesa redonda con las que hablar de la sombra, pero sí tienes un "equipo" formado por ti, tu ego, tu sombra, tu crítico interior y más. Fácilmente, un mapa mental puede convertirse en una herramienta transformadora a la hora de ayudar a las partes a comunicarse entre sí y contigo.

Pero eso es suficiente cuando se trata de los beneficios generales asociados con los mapas mentales. Profundicemos en la utilidad específica de estos mapas para el trabajo de sombra.

Cómo benefician los mapas mentales a la exploración de sombras

Cuando se trata de trabajo de sombra, un mapa mental puede parecer inicialmente fuera de lugar. Puede que no estés seguro de qué estás mapeando exactamente, o que te cueste arrancar con tu mapa. Aunque se trata de preocupaciones válidas, de las que hablaremos enseguida, lo cierto es que muchas de las tensiones relacionadas con los mapas mentales en el contexto del trabajo de sombras se aclaran cuando se comprenden sus beneficios:

- **Identificar patrones y asociaciones:** Si te fijas, muchas de las tácticas de este libro giran en torno a la comprensión de patrones. Esto se debe a que la sombra a menudo provoca diferentes patrones en nuestras vidas, y comprenderlos e identificarlos hace que su papel sea más evidente. En concreto, un mapa mental puede ayudarte a explorar los aspectos de la sombra identificando las asociaciones y los patrones que existen entre los rasgos, los comportamientos y las emociones. Una representación visual de estas conexiones puede ayudarte a encontrar patrones que no son inmediatamente evidentes en tu mente.

- **Reconocer el subconsciente:** Los mapas mentales son excelentes para ayudarte a comprender y reconocer los aspectos subconscientes de tu sombra. Cuando trabajas con un mapa mental, te resulta más fácil explorar tus pensamientos y sentimientos de forma abierta y reflexiva. Como un mapa mental pone todo justo delante de ti, es más fácil centrarse en aspectos que de otro modo podrías pasar por alto.

- **Integración y autorreflexión:** Los mapas mentales son una forma asombrosa de trabajar hacia una integración completa y sólida de la sombra. Un mapa mental te ayuda a visualizar sus distintas facetas, lo que puede ser de gran ayuda a la hora de fomentar la autorreflexión. Esto se debe a que trazar un mapa de los distintos elementos de la sombra es estupendo para comprenderse a uno mismo y avanzar hacia el crecimiento personal. Cuando puedes ver los diferentes aspectos de ti mismo frente a ti, así como comprender que estas partes son todas fundamentalmente tú, ¡esa integración se vuelve sencilla!

- **Expresión holística:** Los mapas mentales son muy holísticos en el sentido de que te permiten considerar diversas perspectivas e ideas que se entrecruzan. Esto puede ayudarte a comprender la sombra de una forma integral, lo que resulta decisivo para reconocer los aspectos positivos y desafiantes de lo que eres como persona.

Dicho esto, no voy a dejarte tirado para que completes la tarea de comprender la sombra a través de un mapa mental tú solo. Pasemos al Ejercicio 2, donde realmente dominarás el arte de hacer un mapa mental de tu sombra.

Ejercicio 2: Mapa mental de tu sombra

Este ejercicio te ayuda a visualizar las complejidades de tu sombra utilizando los poderes de un mapa mental. Durante este ejercicio, es importante ser honesto y minucioso. Recuerda que debe ser una zona libre de juicios, en la que puedas explorarte con curiosidad. Asegúrate de que puedes sacar el máximo provecho del ejercicio con honestidad y cuidado. Los pasos son los siguientes:

1. Reúne los materiales - Lo primero es lo primero, reunir los materiales. Esto no sólo te ayudará a asegurarte de que tienes todo lo que necesitas antes de empezar, sino que también evitará que tengas que detenerte a mitad de la actividad para buscar un rotulador rojo o alguna tontería por el estilo. Para esta actividad,

te recomiendo que reúnas una hoja grande de papel y un utensilio de escritura multicolor. Sugiero rotuladores, bolígrafos o lápices de colores. Una vez que tengas tus materiales, asegúrate de que tienes espacio suficiente para trabajar.

2. Céntrate - A menudo pasamos mucho tiempo con la cabeza en las nubes. Sin embargo, esto no favorece la actividad, por lo que es importante poner los pies en la tierra y centrarse. Despeja tu mente con unas cuantas respiraciones profundas. Si te sirve de ayuda, imagina que cada pensamiento es una nube que se aleja lentamente de tu mente y, cuando el cielo esté despejado, puedes continuar. Esto es especialmente importante porque estás a punto de sumergirte profundamente en el subconsciente; las distracciones no van a ser especialmente útiles aquí.

3. Empieza con una idea central - Todo mapa mental comienza con al menos una idea a partir de la cual se ramifican otras. Por eso, es importante aislar una idea central. Para esta actividad, puedes empezar con "Mi sombra". Escríbelo en el centro del papel y dibuja un círculo a su alrededor. Te servirá como punto central del que partirán todas las demás ideas. No tengas miedo de buscar mapas mentales si necesitas ayuda para entender el esquema, pero tampoco te preocupes por hacerlo bonito o perfecto.

4. Identifica categorías - Ahora es el momento de pensar en categorías que puedan ramificarse a partir de tu idea principal: tu sombra. La mejor forma de distinguir otras categorías es pensar en las distintas áreas de la vida en las que se manifiesta la sombra. A estas alturas del libro, probablemente tengas más de una idea de dónde se manifiesta tu sombra en tu vida. Puede tratarse del trabajo, las relaciones, la autoestima o cualquier otra cosa. Anota estas ideas y dibuja un círculo alrededefir de ellas, luego conéctalas a la idea central. Pero, no apiñes demasiado las cosas; necesitarás espacio para ampliar cada paso.

5. Profundiza - Ahora es el momento de profundizar en cada categoría a la que has dado un espacio en tu mapa mental. Para cada categoría, considera las emociones, situaciones o comportamientos específicos que aparecen cuando te encuentras en esa situación. Por ejemplo, si has puesto "Trabajo" como categoría, puedes escribir "Autoconciencia", "Duda" u "Hostilidad" alrededor de la categoría "Trabajo", conectando esas subideas a las categorías con una línea.

6. Utiliza colores y símbolos - Cuando trabajes en tu mapa mental, no tengas miedo de utilizar colores diferentes para las distintas categorías o emociones. También puedes utilizar símbolos; no hace falta que encierres las categorías en un círculo si te apetece ponerlas dentro de un triángulo. Incluso puedes dibujar caras que representen emociones, dibujar lugares o utilizar símbolos para ampliar tu mapa mental. De hecho, ¡un mapa mental puede consistir íntegramente en dibujos!

7. Analiza las conexiones - Después de trabajar un rato en tu mapa mental, añadiendo categorías y subcategorías, es hora de analizar las conexiones que has establecido. El análisis de estas conexiones va a ser un poco diferente para cada persona, pero algunas cosas en las que puedes centrarte son si algunas emociones o comportamientos aparecen en varias categorías, o si las emociones sólo aparecen estrictamente en determinados escenarios. Utiliza líneas y símbolos para establecer conexiones más matizadas.

8. Reflexiona y revisa. Ahora da un paso atrás y observa tu trabajo. ¿Te parece representativo de lo que ocurre en tu vida en el contexto de tu sombra? Si no es así, es el momento de revisar un poco tu mapa mental.

9. Añade pasos de acción - A lo largo de la elaboración de tu mapa mental, habrás destacado y descubierto algunos retos o aspectos "negativos" de ti mismo y de tu sombra. Piensa en los pasos que puedes dar para superar estos retos. También te sugiero que escribas esos pasos junto al reto en el mapa mental.

10. Reflexiona una vez más - Dedica algún tiempo a reflexionar sobre el proceso y lo que has ganado, así como sobre las facetas de tu sombra que estás viendo por primera vez.

Y ya está. Ahora tienes todas las herramientas que necesitas para utilizar los mapas mentales para visualizar y trabajar con tu sombra. ¿No es maravilloso?

El papel de la meditación en el trabajo de la sombra

Al pensar en el trabajo de la sombra, la meditación proporciona inherentemente un espacio seguro para la confrontación. En otras palabras, te abre la puerta para que te acerques de forma segura y respetuosa, y llegues a conocerla. La meditación permite:

- **El cultivo de la conciencia interior:** Al meditar, puedes mirar hacia dentro en una zona segura y sin prejuicios para poder explorarla a fondo y llegar a conocerla.

- **No juzgar:** Las actitudes sin prejuicios son el sello distintivo de la meditación y otras prácticas de atención plena.

- **Regulación emocional:** Cuando meditas a menudo, es más probable que desarrolles una relación estable, compasiva y amable con tus emociones.

Lo creas o no, existen prácticas de meditación que se adaptan específicamente al trabajo en la sombra. Estas prácticas suelen implicar:

- **Exploración focalizada:** Las meditaciones guiadas diseñadas específicamente para el trabajo con las sombras tienden a guiarte a través de una exploración focalizada de tu mundo interior. Esto puede implicar a menudo indicaciones y orientación que te ayuden a descubrir aspectos ocultos de ti mismo, así como a enfrentarte a cualquier emoción desafiante que pueda surgir.

- **Imágenes simbólicas:** Muchas meditaciones guiadas para el trabajo con la sombra, especialmente las que emplean la visualización, utilizan imágenes simbólicas para representarla. Esta es una forma maravillosa de ayudarte a encontrarte con la sombra y a relacionarte con ella.

- **Diálogo interior:** Muchas meditaciones guiadas incluyen también indicaciones para el diálogo interior, que te ayudan a entablar una conversación directa con tu sombra. Esto es especialmente útil si buscas interacciones más conscientes con tus aspectos reprimidos.

- **Prácticas de integración:** También existen meditaciones guiadas para el trabajo de la sombra que te ayudan a integrarla a través de prácticas de autoaceptación. Esto se hace a menudo a través de afirmaciones, ejercicios de amor propio y visualizaciones orientadas a ayudarte a abrazar la armonía interior.

Dicho esto, veamos dos prácticas diferentes de meditación guiada que puedes incorporar para comprender e integrar mejor la sombra.

Ejercicio 3: Meditaciones de sombra guiadas

Ahora es el momento de echar un vistazo a dos guiones originales de meditación guiada que pueden ayudarte a encontrar un espacio en el contexto del trabajo con la sombra.

Entrar en la cueva

1. Cierra los ojos y respira hondo. Inhala positividad, exhala tensión. Mientras emprendemos este viaje, imagínate en un bosque sereno y poco iluminado. El aire está en calma y sientes una suave brisa. Siente la tierra debajo de ti, que te enraíza. Empieza por los dedos de los pies y suelta cualquier tensión. Imagina que una suave luz se cierne sobre ti y envuelve gradualmente tu cuerpo, aliviando cada músculo que toca.

2. Ahora visualiza la misteriosa entrada de una cueva. Acércate a ella con curiosidad. Esta cueva representa las profundidades de tu psique, tu sombra. Cuando entres, observa la oscuridad que

te rodea. Dentro de la oscuridad, hay una presencia: tu sombra. Deja que tome forma y se exprese. Sin juzgarla, sé testigo de su existencia. Entabla una conversación, haz preguntas y recibe respuestas. Acepta los aspectos que surjan.

3. Visualiza una luz radiante que emerge de tu corazón. Deja que esta luz se expanda, iluminando la cueva. Cuando toque tu sombra, observa una mezcla armoniosa. Siente cómo el peso se disipa a medida que crece la aceptación. Libera cualquier resistencia, permitiendo que la integración se produzca de forma natural. Respira hondo y vuelve al bosque. Al abrir los ojos, lleva contigo la nueva conciencia. Abraza la unidad de la luz y la oscuridad en tu interior.

El reflejo del espejo

1. Colócate en una posición cómoda y cierra los ojos suavemente. Inhala profundamente, exhalando cualquier tensión. Imagínate en un tranquilo jardín rodeado de flores. El aire está cargado de una sensación de paz. En el centro del jardín hay un estanque reflectante. Acércate, ymientras miras dentro del agua, observa tu reflejo. Este espejo representa tu sombra. Sin juzgar, observa los matices que aparecen.

2. Sumérjete en la reflexión, explorando las profundidades. Deja que afloren recuerdos, emociones y pensamientos. Reflexiona sobre ti mismo y comprende los aspectos ocultos que el espejo revela. Deja que el agua simbolice el flujo de tu subconsciente. A medida que exploras, encuentra los aspectos desafiantes con compasión. Reconócelos sin miedo. Imagina que una lluvia suave baña el jardín, simbolizando la autoaceptación. Siente cómo te limpia y te nutre a ti y al reflejo del espejo.

3. Visualiza el espejo fundiéndose con el agua, creando una mezcla armoniosa. Sé testigo de la unidad de tu yo consciente e inconsciente. Abraza la belleza de la integración mientras el jardín florece con una nueva vitalidad. Respira hondo y vuelve

a ser consciente de lo que te rodea. Abre los ojos y lleva el sentido integrado de ti mismo a tu realidad.

Si notas temas comunes entre las dos meditaciones, es porque a menudo se emplean imágenes, temas y conceptos similares en el contexto del trabajo de sombra. Esto significa que incluso puedes usar esas meditaciones de ejemplo para crear las tuyas propias o transformar una meditación guiada en un trabajo de sombra.

Afirmaciones para fortalecer la resolución interior

Las afirmaciones pueden ayudarte a equilibrar e integrar los aspectos más difíciles de la sombra. Cuando repites afirmaciones positivas y fortalecedoras, puedes contrarrestar la autoconversación negativa, desafiar tus creencias limitantes y formar una relación más armoniosa entre cada parte de ti mismo. Algunas afirmaciones que puedes utilizar son:

- Acepto y abrazo todas las facetas de mí mismo, tanto la luz como la sombra.

- Soy digno de amor y aceptación tal como soy.

- Me libero de la necesidad de perfección y abrazo mi yo auténtico.

- Confío en mi capacidad para superar los retos con gracia y resiliencia.

- Evoluciono y crezco continuamente, y ese es un hermoso viaje.

- Reconozco mis miedos e inseguridades y elijo superarlos.

- Me perdono los errores del pasado y los utilizo como peldaños hacia la sabiduría.

- Estoy capacitado para tomar decisiones que se alinean con mi verdadero yo.

- Confío en el proceso de la vida, sabiendo que cada experiencia es una oportunidad para crecer.

- Yo soy el creador de mi realidad, y elijo pensamientos que nutren y apoyan mi bienestar.

Con este capítulo, has ganado tres nuevos ejercicios que pueden ayudarte a desenterrar realmente algunos de los diferentes aspectos de la sombra. Ahora vamos a hablar de lo que puedes hacer para abrazarla y aceptarla.

Capítulo 6

Abrazar tu sombra

La vida en la sombra es la vida real, pero sólo puede serlo para quienes no niegan la verdad sobre sí mismos, el mundo y la realidad tomando conciencia, cultivando la aceptación incondicional y emprendiendo acciones reales.

-Oli Anderson

La vida es equilibrio, incluido el equilibrio de tu sombra. Aprende estrategias para integrar la sombra en tu vida y conseguir una existencia más plena y armoniosa. Piensa en esto como un plan para tu relación continua con tu sombra.

Vías para la integración de la sombra

Una de las ideas más erróneas sobre la integración de la sombra es que se realiza una vez y ya está: la sombra está integrada. Aunque se trata de una bonita idea, que sin duda simplificaría bastante nuestra misión aquí, no es en absoluto así como funcionan el trabajo. Más bien, la integración de la sombra es un proceso dinámico y continuo que implica un trabajo constante. Es muy parecido a la diplomacia: una corriente de esfuerzo dedicada y continua que sólo alcanza un objetivo a través de la pasión, el trabajo duro y la constancia.

Aunque el proceso de integración de la sombra es diferente para cada persona, hay algunos aspectos que conviene tener en cuenta. Por ejemplo, integrar la sombra siempre implica aceptar su existencia, tomar conciencia de sus cualidades y entablar una negociación prolongada entre ella y otras partes de uno mismo. Requiere prestar atención consciente a tus estados de ánimo e impulsos y permitir que la sombra se manifieste y aparezca en tu vida de forma significativa y no reprimida.

Enfoques psicológicos de la integración de la sombra

A la hora de pensar en la integración de la sombra, se pueden tener en cuenta varias líneas de pensamiento:

- **La psicología de Jung:** La obra de Carl Jung hace hincapié en la individuación del trabajo de sombras. Es decir, el proceso de convertirse en quien uno es realmente a través de la integración de los aspectos del yo es vital. Las ideas junguianas sobre la integración de las sombras implican reconocer los aspectos inconscientes, comprender sus orígenes y aceptar su papel como parte de la totalidad del yo.

- **Terapia psicodinámica:** La terapia psicodinámica se basa en conceptos freudianos y es conocida por explorar cómo la mente inconsciente influye en nuestro comportamiento. En lo que respecta a las ideas psicodinámicas sobre la integración de las sombras, el proceso suele implicar sacar a la luz pensamientos y emociones reprimidos para examinarlos.

- **Terapia cognitivo-conductual (TCC):** La TCC se centra en identificar y cambiar los comportamientos y patrones de pensamiento negativos. Aunque la TCC no emplea la integración de la sombra por su nombre, puede ayudar a quienes la experimentan a reconocer y cuestionar creencias de la sombra profundamente arraigadas. Esto, a su vez, puede dar lugar a procesos de pensamiento más saludables.

- **Enfoques basados en la atención plena:** Las prácticas de atención plena, como ya sabrás, fomentan la conciencia sin juicios de tus pensamientos y emociones. En el contexto del trabajo con la sombra, esto puede implicar observar los rasgos de tu sombra sin rechazo ni apego.

- **Terapia Gestalt:** La terapia Gestalt implica la toma de conciencia en el momento presente y la integración de los aspectos fragmentados del yo. También implica fomentar el diálogo entre las distintas partes del yo.

Aunque este libro no adopta un enfoque particular o único para ayudarte a integrar tu sombra, es bueno saber que existen diversas perspectivas sobre el asunto. Cada una aporta algo único y también desempeña un papel considerable en cómo integras tu sombra personalmente. Una vez más, el trabajo con la sombra y su integración es una experiencia muy personalizada que resulta diferente para cada persona que se involucra en esta práctica.

Cómo integrar la sombra

Es probable que durante un tiempo te hayas estado preguntando cómo exactamente debes integrar la sombra. Aunque es imposible darte un camino perfecto para integrarla, algunos pasos con los que puedes empezar y aprender incluyen lo siguiente:

1. Entender que la sombra es una parte de ti, pero no te define. Uno de los mayores errores que cometen los trabajadores de la sombra principiantes es pensar que su sombra es lo que les define. La sombra es una parte de ti, pero no es quien eres por completo. Es decir, no consideras que tu fecha de nacimiento sea toda tu identidad, ¿verdad? Del mismo modo, tu sombra es

una parte de tu identidad, pero no la identidad completa. Por lo tanto, es importante aceptar su existencia sin dejar que eclipse todo tu ser.

2. Anota tus revelaciones en un diario. A medida que trabajes en el proceso de integración de tu sombra, querrás llevar un diario de tus descubrimientos. Llevar un diario de los pensamientos, emociones y percepciones que surgen a lo largo del proceso de integración puede ser valioso. Hacerlo te ayuda a comprender patrones, encontrar claridad entre los distintos aspectos de ti mismo, reflexionar y profundizar, y mucho más. En definitiva, el proceso de escribir un diario es una herramienta de reflexión maravillosa cuando se trata de la integración del trabajo de la sombra, por lo que recomiendo encarecidamente dedicar tiempo a ello.

3. Presta atención a tus reacciones. Cuando trabajes en el proceso de integración de la sombra, es importante que te centres en las emociones que surgen y en las reacciones que tienes. Normalmente, estas interacciones, especialmente en el contexto de una situación desafiante, pueden proporcionar pistas sobre las partes más sensitivas del mundo de la sombra. Al centrarte en estas reacciones, puedes tomar conciencia y explorar el inconsciente con un alto nivel de comprensión.

4. No dudes ni intelectualices tu intuición. Aunque es bueno buscar la confirmación de nuestras ideas, la intuición está hecha para confiar en ella por una razón. Intelectualizar o cuestionar la intuición es una de las principales formas en que los principiantes sabotean su progreso con el trabajo de la sombra. Por lo tanto, es importante que aprendas a apreciar y aceptar tus instintos intuitivos sin pensar demasiado en ellos. Tu sombra va a utilizar con frecuencia la intuición como una oportunidad para comunicarse, lo que significa que todos los canales deben estar despejados de dudas.

5. Comprométete contigo mismo. El trabajo de la sombra es un viaje que dura toda la vida. Parte de la integración de la sombra

implica aceptar el hecho de que este viaje nunca estará completo. No hay un destino final que buscar; más bien, el trabajo con la sombra es un largo proceso que tienes que seguir eligiendo una y otra vez. Acepta el hecho de que tienes una relación evolutiva con la sombra y notarás que tus esfuerzos son mucho más positivos.

A partir de ahí, tienes la oportunidad de profundizar realmente en tu sombra y aprender qué tácticas de integración funcionan mejor para ti. El resto de este capítulo se centra en algunos consejos y trucos para seguir la integración, así que ¡no te lo pierdas!

El poder de la aceptación y el perdón

La aceptación y el perdón son herramientas poderosas que tienen una fuerte vocación cuando se trata de la sombra y su integración. Cuando trabajas para perdonarte y aceptarte, notarás cambios en ti mismo y en cómo interactúas con tus aspectos subconscientes. Dicho esto, tenemos que reducir nuestro enfoque por un momento y comprender realmente lo que son la aceptación y el perdón en el contexto de este trabajo.

Aceptación de la sombra

Aceptar la sombra puede ser un reto, aunque sepas que es un proceso beneficioso. La sombra contiene partes de ti mismo que probablemente has estado reprimiendo durante toda tu vida, por lo que no es de extrañar que a algunas personas les cueste aceptar su sombra. En lo que respecta al proceso de aceptación, hay tres componentes que debes tener en cuenta:

- **Reconocimiento y conciencia:** Algo que hay que dominar es la capacidad de reconocer y respetar la sombra sin juzgarla. Parte de esto es ser capaz de reconocer que todas las personas, tú y yo incluidos, tenemos aspectos luminosos y oscuros. Esto nos lleva a comprender mejor que la sombra es una parte integral de la experiencia humana, algo que no podemos evitar si esperamos tener una vida plena y satisfactoria.

- **Exploración consciente:** Para adentrarte en las profundas y oscuras aguas de la sombra, tienes que emprender una exploración consciente de tus pensamientos, comportamientos y emociones. No puedes dejar que estas cosas surjan sin cuestionarlas; más bien, la verdadera aceptación significa que tienes que prestar atención y ser consciente de cómo interactúas con el mundo que te rodea. Reconocer patrones puede indicar su influencia y, a través de una exploración consciente y constante, puedes llegar a conocer estos patrones y, por tanto, la sombra.

- **Indagación compasiva:** El tercer componente importante para aceptar verdaderamente la sombra es la indagación compasiva. Hay que abordar la exploración de la sombra con una actitud genuina de compasión y curiosidad, lo que significa que hay que esforzarse por evitar la crítica y la condena de uno mismo, de los pensamientos, las emociones, las creencias o de la propia sombra. En lugar de eso, lo mejor es adoptar una actitud de comprensión y amabilidad a medida que indagas en el yo inconsciente.

Si no aceptas tu sombra completamente, tus esfuerzos no tendrán éxito. Por lo tanto, aunque la aceptación total no sea inmediata, es una buena idea fijarse el objetivo final de aceptarla. Esto ayudará a garantizar que no se sienta reprimida o desatendida en el futuro, así como que la integración tenga éxito.

El papel del perdón en la integración

El perdón es tan importante como la aceptación cuando se trata de trabajar con la sombra. De hecho, yo diría que el autoperdón -el acto de liberarse de la culpa, la vergüenza y la autocondena- es una parte fundamental del trabajo de la sombra. Piénsalo de este modo: No puedes aceptar de verdad a alguien a quien guardas rencor. Del mismo modo, no puedes aceptar la sombra si sigues albergando ira, condena o vergüenza hacia ella, aunque sea a nivel subconsciente.

La buena noticia es que tienes algunas maneras diferentes que puedes trabajar hacia la integración utilizando el perdón como catalizador. Algunos de los métodos más populares y exitosos incluyen:

- **Meditación del autoperdón:** La meditación tiene muchas formas, y una de ellas es el autoperdón. Puedes encontrar guiones de meditación del autoperdón en Internet, pero también puedes realizar una tú mismo de forma muy sencilla. Busca un lugar tranquilo donde no te interrumpan durante varios minutos. Cierra los ojos y concéntrate en tu respiración hasta que te sientas centrado. Luego, con cada respiración, visualízate inhalando autocompasión y exhalando autojuicio. Puedes repetir afirmaciones durante esta fase de la meditación, ¡incluidas las del final del capítulo! Dedica tiempo a practicar el hábito de la meditación del autoperdón con regularidad y, con el tiempo, notarás que la relación contigo mismo es de compasión en lugar de resentimiento.

- **Carta de autoperdón:** Muchos profesionales animan a llevar un diario a través de la escritura de cartas. Escribirse cartas a uno mismo puede ser muy curativo, ya que te da la oportunidad de reflexionar y ser compasivo en un entorno seguro y estructurado. Para una carta de autoperdón, escribe sobre cualquier error o carencia que creas que tienes. Es importante reconocer que eres humano, lo que significa que la imperfección es natural. Conserva la carta para recordar tu viaje hacia el autoperdón. Incluso puedes convertirlo en un habito diario y llenar un cuaderno de cartas a ti mismo.

- **Reflexión y aprendizaje:** Una de las mejores formas de encontrar el poder de perdonarse a uno mismo es a través de la reflexión y el aprendizaje. Solemos negarnos el perdón a nosotros mismos por errores pasados, cosas que nos parecen tan estúpidas o fuera de lugar que no podemos encontrar la capacidad de perdonarnos a nosotros mismos. Sin embargo, reflexionar sobre experiencias pasadas y encontrar el poder de identificar la lección aprendida de situaciones desafiantes transforma un error en una oportunidad para evolucionar hacia la sabiduría. Dicho esto, es importante reconocer que el autoperdón es un proceso continuo, como el trabajo de la sombra, que es uno constante.

Al mismo tiempo, si encuentras un método que no está en la lista pero que funciona mejor para ti a la hora de perdonarte a ti mismo y a tu sombra, entonces, por supuesto, ¡úsalo! Recuerda que este trabajo es una experiencia muy personalizada, en cuya construcción tú tienes mucho que ver.

Ejercicios prácticos de aceptación y perdón

A la hora de enfrentarse al proceso de aceptarse o perdonarse a uno mismo y a su sombra, puede ser fácil sentirse un poco perdido. ¿Cuáles son las mejores formas para hacerlo, y cómo puedes conseguirlo? Bien, permíteme proporcionarte tres de mis ejercicios favoritos y los más eficaces:

Afirmaciones espejo

En primer lugar, están las afirmaciones en el espejo. Como su nombre indica, las afirmaciones en el espejo son afirmaciones que se dicen frente al espejo. Se dice que esto funciona porque cuando usas afirmaciones, algo que normalmente es maravilloso para hacer conexiones más fuertes y positivas en el cerebro, este empieza a creer esos mensajes positivos. Las afirmaciones positivas relacionadas con la aceptación, el perdón y el crecimiento son opciones maravillosas, al igual que las afirmaciones incluidas al final de este capítulo.

Diario

Llevar un diario de autorreflexión puede ayudar a perdonarte a ti mismo y a aceptar tu sombra. Sé que he hablado mucho del diario, pero es una táctica muy útil para resolver conflictos internos y crear una atmósfera de aceptación. Para utilizar el diario para el perdón y la aceptación, considera la posibilidad de hacerlo cuando:

- Sientes que estás siendo duro contigo mismo. En este caso, puede ayudarte a entender por qué tienes esta actitud hacia ti.

- Estás experimentando emociones fuertes. Llevar un diario durante las corrientes emocionales fuertes puede ayudarte a trabajar con esas emociones de una forma saludable sin reprimirlas o tratarte mal a ti mismo a causa de ellas.

- Te encuentras pensando que "no deberías" pensar o sentir algo. Esta es una obviedad: ¡ninguna emoción es demasiado para afrontarla cuando se trata del trabajo en la sombra!

Llevar un diario puede ser maravilloso para ayudarte a superar esos conflictos si lo haces de forma abierta y constante a lo largo de tu viaje.

Liberación simbólica

Por último, considera la posibilidad de participar en un ritual de liberación simbólica para ayudarte a superar puntos especialmente fuertes o profundamente arraigados de odio, negación u otras emociones. Por ejemplo, si te resulta difícil dejar de dudar de ti mismo en el contexto del trabajo y, como resultado, no puedes perdonarte, un ritual de liberación simbólica podría ser especialmente útil. Un ritual de este tipo podría ser así:

1. Aterriza y céntrate mediante la meditación. Pasar unos momentos meditando puede ser una buena forma de concentrarse y preparar la mente para el ritual que se avecina. Una meditación de enraizamiento, de positividad, de conciencia del presente o de bondad amorosa pueden ser las más adecuadas.

2. Escribe en un papel lo que necesitas liberar. Puede ser cualquier cosa, desde una frase hasta una carta dirigida a ti mismo, siempre que consideres que representa fielmente tus necesidades.

3. Canaliza tu energía hacia ese papel, concentrándote en exhalar negatividad y juicio.

4. Entierra o quema el papel en un lugar seguro para liberar esa energía e intención.

Por supuesto, siéntete libre de modificar tu ritual para adaptarlo a tus necesidades, deseos y capacidades. Algo como la oración, la confesión o incluso el atletismo pueden servir para liberar emociones de forma simbólica.

Cuando la aceptación y el perdón se entrelazan a través de tus esfuerzos, el camino hacia la integración de la sombra está marcado en piedra. Abrazar tu sombra con compasión y perdón sirve de base para un profundo autodescubrimiento, sanación y crecimiento personal. Este viaje no consiste en la perfección, sino en el compromiso continuo de comprender e integrar todos los aspectos de uno mismo.

Ejercicio del espejo de sombras

Este ejercicio es poderoso y está diseñado para ayudarte con la introspección, para que puedas explorar y enfrentarte a tu yo en la sombra. Necesitarás un espejo, que sirve como portal simbólico hacia tu sombra. Como resultado, serás más consciente de ti mismo. Para esta actividad, vas a necesitar un espejo de cuerpo entero, buena iluminación y un espacio tranquilo y cómodo, y luego puedes seguir estos pasos:

1. Busca un lugar tranquilo y privado donde no te interrumpan. Asegúrate de que la habitación está bien iluminada para poder verte bien en el espejo.

2. Coloca un espejo de cuerpo entero de forma que pueda verte todo el cuerpo. Asegúrate de que el espejo esté a la altura de los ojos o ligeramente por debajo para que la mirada sea cómoda y natural.

3. Ponte frente al espejo y respira hondo para relajarte. Mantente en el momento presente, sin tensiones ni expectativas.

4. Mírate directamente a los ojos en el espejo. Mantén un contacto visual constante contigo mismo. Al principio puede resultar

difícil, pero mantener el contacto visual ayuda mucho a conectar y a sumergirse en uno mismo.

5. Observa suavemente tu reflejo sin juzgarlo. Presta atención a las emociones, pensamientos o sensaciones físicas que surjan. Observa cualquier incomodidad, curiosidad o resistencia.

6. Observa tus expresiones faciales y tu lenguaje corporal. Hay expresiones sutiles que transmiten emociones o aspectos de ti mismo de los que quizá no seas plenamente consciente?

7. Ahora, tómate tu tiempo para reflexionar. Preguntate:

   A. ¿Qué emociones veo en mis ojos?

   B. ¿Hay aspectos de mí mismo que no he reconocido plenamente?

   C. ¿Noto algún patrón o expresión que me sorprenda?

8. Mientras realizas este ejercicio, intenta verbalizar tus sentimientos hablando en voz alta. Esto puede ayudarte a exteriorizar el diálogo interior, lo que significa que puedes observarlo más de cerca.

9. Si te encuentras con emociones desafiantes o aspectos de ti mismo que te provocan malestar, practica la autocompasión. Recuerda que el objetivo de este ejercicio es el autoconocimiento y la aceptación, no el juicio.

10. Después del ejercicio, tómate un momento para reflexionar sobre tus observaciones. Considera la posibilidad de anotarlas en un diario. ¿Qué has aprendido sobre ti mismo? ¿Hay aspectos de tu personalidad o de tus emociones que quieras explorar más a fondo?

Y ahí lo tienes: ¡acabas de completar el ejercicio del espejo de sombras!

Afirmaciones para un cambio duradero

Hasta ahora, has obtenido unas 50 afirmaciones. Quiero dedicar un momento a profundizar en las afirmaciones y su poder diario antes de proporcionarte las próximas 10. Echemos un vistazo a alguna información valiosa sobre su papel en la vida diaria.

Cómo utilizar eficazmente las afirmaciones en la vida diaria

Utilizar afirmaciones diarias puede ser una forma divertida y eficaz de descubrir sus beneficios y ver cómo influyen en tu vida. La consideración más importante a tener en cuenta cuando se utilizan afirmaciones de manera efectiva es la constancia. No puedo enfatizar lo suficiente lo importante que es. Cuando utilizas afirmaciones con regularidad, se les permite afianzarse dentro de tu cerebro con mayor eficacia. Esto significa que las afirmaciones tienen más posibilidades de hacer su magia.

A medida que trabajas con afirmaciones, debes tener cierto nivel de confianza o creencia en ellas. Al principio, esto puede ser un reto. Si ya creyeras en la afirmación, ¿por qué la diría? En este caso, te sugiero que intentes trabajar en tu creencia de que la afirmación funcionará. Por ejemplo, en lugar de creer desde el principio en una afirmación como "Tengo confianza en mí mismo", canalizalo como creencia de que la afirmación te hará tener más confianza en ti mismo. Esta es una puerta de entrada para superar el obstáculo de la creencia.

También es buena idea utilizar el tiempo presente en tus afirmaciones. Por ejemplo, no digas "*Tendré* confianza en mí mismo". Las afirmaciones funcionan mejor cuando las enmarcas y las utilizas como si ya tuvieras el resultado previsto mientras hablas. Del mismo modo, intenta evitar el uso de lenguaje negativo en tus afirmaciones, como "*No* dudaré de mí mismo". Este lenguaje negativo también puede entorpecer el proceso, aunque se utilice de forma positiva.

Crear tus propias afirmaciones

¿Sabías que puedes crear tus propias afirmaciones? Pues sí. Las afirmaciones de este libro son las que yo he creado para ti, pero también puedes crear las tuyas propias, ya sea modificandolas o empezando desde cero. Algunos consejos para desarrollar tus propias afirmaciones son:

- **Identifica tus objetivos:** Piensa en lo que quieres conseguir a través del proceso de tus afirmaciones, incluyendo qué cualidades quieres desarrollar o qué partes de ti mismo quieres abrazar.

- **Utiliza afirmaciones y lenguaje positivo:** Recuerda que el lenguaje negativo y la verborrea en pasado pueden entorpecer tus resultados.

- **Asegúrate de que las afirmaciones te interesan:** No establezcas afirmaciones que no te interesen, ¡no funcionarán! En su lugar, elige afirmaciones que te acerquen a tus objetivos personales.

Afirmaciones para un cambio duradero

- Abrazo todos los aspectos de mí mismo, tanto la luz como la sombra, fomentando una sensación holística de bienestar y autenticidad.

- Cada experiencia, positiva o desafiante, contribuye a mi crecimiento y evolución como persona.

- Dejo de juzgarme e invito a la autocompasión a mi vida, comprendiendo que soy un trabajo en curso.

- Soy resistente, y cada obstáculo al que me enfrento es una oportunidad para aprender, adaptarme y prosperar.

- Confío en el proceso de la vida y reconozco que todo se desarrolla en el momento perfecto para mi mayor bien.

- Estoy abierta al cambio y acojo con satisfacción el poder transformador que el crecimiento aporta a mi vida.

- Mi viaje es único y honro el camino que estoy recorriendo, sabiendo que conduce a un mayor autodescubrimiento.

- Irradio positividad y mi mentalidad atrae oportunidades de aprendizaje, sanación y desarrollo personal.

- Soy digno del amor, del éxito y de todas las bendiciones que la vida me ofrece, y permito que fluyan hacia mi.

- Con cada respiración, me convierto en la mejor versión de mí mismo, basada en la autenticidad, el amor y el crecimiento continuo.

La aceptación y el perdón sientan las bases para la integración de la sombra. Dicho esto, ha llegado el momento de analizar las transformaciones positivas del trabajo de la sombra, incluida la forma de desbloquear tu potencial oculto y seguir creciendo.

Capítulo 7

Un viaje con tu sombra

Todos tenemos un lado oscuro. La mayoría de nosotros vamos por la vida evitando la confrontación directa con ese aspecto de nosotros mismos, que yo llamo el yo en la sombra. Hay una razón para ello. Conlleva una gran cantidad de energía.

-Lorraine Toussaint

Piensa en todas las personas de éxito que conoces. ¿Cuál es su secreto? La mayoría de las veces, han aprovechado todo su potencial enfrentándose a su sombra. Exploremos algunas historias de la vida real y consejos que te inspirarán para seguir creciendo y desbloquear tus habilidades ocultas.

Cosechar lo sembrado

El trabajo de sombras no es sólo un viaje personal; es una exploración profunda que te permite explorar tu potencial interior. Cuando te adentras en las profundidades de tu psique, son muchas las recompensas que aguardan tu transformación y que pueden afectar todos los aspectos de tu vida. Repasemos algunos de los resultados positivos que has obtenido hasta ahora:

- **Relaciones armoniosas:** Cuando desentrañas los entresijos de la sombra, te permites establecer conexiones más auténticas y claras con los demás. Al tomar conciencia de los desencadenantes, miedos y proyecciones ocultos, se puede navegar por las relaciones con una comprensión y empatía recién descubiertas. Los conflictos que antes parecían insuperables pueden transformarse en oportunidades de crecimiento y comprensión mutuos.

- **Mayor autoaceptación:** El trabajo con la sombra se caracteriza por propiciar el autodescubrimiento y la autoaceptación. Cuando integras tu sombra, puedes abrazar tanto la luz como la oscuridad que hay en ti para entrar en un espacio de amor incondicional.

- **Aumento de la creatividad:** La sombra posee mundos de creatividad sin explotar. Al explorar la sombra, permites que esta creatividad aflore a la superficie de una manera insaciable y auténtica. Esto, a su vez, puede impulsarte hacia éxitos artísticos y profesionales con los que sólo habías soñado... hasta ahora.

- **Resistencia emocional:** Cuando trabajas para aceptar e integrar tu sombra, perfeccionas la fortaleza emocional para afrontar los retos de la vida con gracia y fortaleza. Cuando cultivas estos miedos e inseguridades, te ayuda a desarrollar un sentido de resiliencia interior. Esto significa que la adversidad es menos angustiosa.

- **Toma de decisiones auténtica:** Cuando trabajas en la sombra, eres capaz de expresarte con autenticidad. Tus patrones y proyecciones inconscientes dejan de desempeñar un papel en la toma de decisiones y en la consideración de tus valores y deseos. Esto significa que tus elecciones se alinean con tu esencia.

Los resultados positivos que se derivan de un trabajo en la sombra constante son algo que realmente puedes conseguir navegando por ella. Recuerda que este viaje es una inversión en ti mismo, un compromiso que te permite liberar todo tu potencial. Con constancia, puedes cosechar lo que siembras.

Éxitos reales

Una de mis partes favoritas del autodescubrimiento y el crecimiento es comprender cómo otros han logrado los mismos resultados. Estas historias de éxito de la vida real pueden servirte de inspiración y ayudarte a comprender dónde reside tu potencial. Echemos un vistazo a dos de las historias de éxito más valientes.

La historia de Alina

Alina es sólo una de las miles de personas que han obtenido grandes beneficios del trabajo en la sombra. Pero ella no siempre empezó desde un lugar de comodidad, felicidad o positividad. De hecho, Alina describe cómo era estar en lo más profundo de su viaje de sanación, las partes más intensas de su camino y experiencia. Mencionó estar hacinada en una sola habitación de su casa y sentir que no estaba en contacto consigo misma, con su cuerpo y con el mundo que la rodeaba.

Se sentía completamente a oscuras por dentro y eso empezó a manifestarse también como enfermedad y síntomas crónicos. Alina pasó incontables horas buscando soluciones, consultando a médicos y sometiéndose a pruebas. Todo este esfuerzo sólo sirvió para afirmar que algo iba mal y ella no sabía qué. Estaba realmente aterrorizada e incluso llegó a pensar que se moría.

Alina describió la experiencia como no tener piel. Se sentía como si fuera susceptible a todo, absorbiendo todo lo que ocurría a su alrededor y siendo hipersensible. Sentía que no podía tolerar nada y describió su vida como frustrante y llena de vergüenza. Sinceramente, Alina creía que estaba rota y que su alma había muerto.

También mencionó que sólo cuando nada más funcionaba podía recurrir a ser fuerte por sí misma como solución. Le parecía demasiado sencillo poder salvar su propia vida. Más allá de eso, Alina no estaba segura de cómo apoyarse emocionalmente, y definitivamente no tenía un sistema de apoyo propio. Fue entonces cuando recurrió a reeducar su cerebro mediante el trabajo en la sombra.

Gracias a ello, Alina está lejos de ser la persona aterrorizada que se acurrucaba insegura en una habitación. Ahora confía en su capacidad para controlar sus propios síntomas.

Historia de Nyx

Hace dos años, Nyx Shadowhawk expresó su experiencia con el trabajo de la sombra en un foro de Quora. Ahora voy a relatarles su experiencia:

El autor original de Quora preguntaba cómo era el proceso de trabajo consistente con la sombra, a lo que Nyx respondió diciendo que su sombra se llama Astor y que la conoció cuando tenía unos nueve años. Lo conoció a través de una conexión con la franquicia de Harry Potter. A medida que analizaban con qué personajes simpatizar, comenzó la reflexión interna y, más tarde, Nyx reconoció ese proceso como trabajo de sombra.

Con el tiempo descubrió la idea de la sombra de Jung y lo compleja que era. Interesado, Nyx fue capaz de encontrar la lógica detrás de algunas de las criaturas de sombra con las que trabajó de niño -seres que les proporcionaban guía y parecían ser sombras-. En 2013, Nyx escribió un libro sobre este tema que describe el proceso del trabajo de sombras. Tras detallar su libro, Nyx pasó a explicar lo que ha explorado con ella:

- El sexo. Nyx fue capaz de trabajar a través del sexo y los conceptos sexuales con la ayuda de su sombra, que es algo que realmente ha cambiado su lente de cómo percibe el sexo y a sí mismo en relación con ella.

- Poder. El poder fue uno de los principales puntos de discordia para Nyx cuando era niño, y también pudieron resolverlo con la ayuda de Astor.

Al final de su post, Nyx explicó que el trabajo de sombra es difícil, pero se hace más fácil con el tiempo. Dijo que aún no habían terminado, reflejando que el viaje siempre está en curso. Terminó afirmando que ha ganado mucha confianza en sí mismo a lo largo del viaje y que carece de cualquier atisbo de duda o consternación que hayan tenido, lo que expone lo poderoso que puede ser un viaje de trabajo de sombra.

¡Wow! Esas historias de éxito hacen mundos de maravilla cuando se trata de indicar lo que se puede lograr. A través del trabajo duro, la dedicación y la disciplina, puedes tener éxito al igual que aquellos que fueron capaces de transformar sus vidas, gracias a esta fantástica práctica. Veamos algunos consejos más para alcanzar el éxito de esta práctica.

Estrategias de crecimiento continuo

El trabajo de la sombra es un viaje transformador, pero la clave para que estos cambios perduren es comprometerse a mantener el crecimiento que consigues. Por eso te doy 15 consejos prácticos que pueden ayudarte a experimentar y mantener los beneficios y el progreso:

1. Establece hábitos constantes. Una forma de asegurarte de que tu crecimiento se mantiene es estableciendo hábitos constantes que apoyen tu bienestar y autodescubrimiento. Puedes incluir hábitos constantes como la meditación matutina, llevar un diario reflexivo u otras tácticas discutidas hasta ahora en este libro. Tales hábitos consistentes tienen el poder de asegurar que el trabajo de autodescubrimiento sigan siendo impactante en tu vida.

2. Integra la autorreflexión en tu rutina. Como parte de tu viaje, debes dedicar un tiempo a la autorreflexión. Tanto si se trata de un diario, de un control semanal o incluso de una revisión mensual de tus objetivos y progresos, es importante dedicar

tiempo a prestar atención a tu progreso y reflexionar. Esto se debe a que asì mantienes la conciencia y la alineación con tu auténtico yo en un nivel alto.

3. Dar prioridad a la salud mental y emocional. Si quieres mantener un viaje de trabajo de la sombra, es absolutamente necesario que cuides tu bienestar mental y emocional y que consideres ambos una prioridad. Esto significa que quizá tengas que acudir a terapia o dedicarte a prácticas autoguiadas de atención plena. También recomiendo tomarse momentos para el autocuidado. Recuerda que dedicar tiempo a esto puede mejorar la resiliencia.

4. Acepta el aprendizaje continuo. Una de las mejores formas de ampliar tu crecimiento y seguir avanzando en tu viaje de trabajo de la sombra es mantener una mentalidad abierta y curiosa. La buena noticia es que existen infinitos métodos para seguir aprendiendo. Ya sea leyendo libros, asistiendo a talleres o explorando nuevas áreas de interés, cuanto más amplíes tus conocimientos, más rica será la comprensión que tengas de ti mismo.

5. Construye relaciones de apoyo. Es importante que te rodees de personas que apoyen tu crecimiento y autenticidad. De hecho, te recomiendo que compartas tu viaje con personas de confianza; estas conexiones pueden inspirar una red de comprensión, ánimo y responsabilidad. También podrías convertirte en el catalizador del viaje de trabajo de sombra de otra persona.

6. Establece intenciones y objetivos. Puedes establecer intenciones y objetivos tanto para tu vida profesional como personal. Cuando estableces objetivos, te das a ti mismo una dirección y un propósito para tu vida. Esto puede ayudar a guiar tus acciones y decisiones en alineación con tu auténtico yo, lo que ayuda también a tu crecimiento en la sombra. Asegúrate de revisar y ajustar periódicamente estos objetivos a lo largo de tu viaje.

7. Celebra las pequeñas victorias. Es fundamental que dediques algún tiempo a reconocer y celebrar tus logros, por grandes o pequeños que sean. Dedicar tiempo a reconocer estas victorias puede reforzar el progreso y el comportamiento positivo, además de fomentar el crecimiento. Recuerda que cada paso en tu viaje es importante, ya que contribuye al viaje global en el que te encuentras.

8. Mantente conectado a tus valores. Debes asegurarte de visitar y reafirmar lo que es importante para ti con regularidad. Junto con eso, es importante asegurarse de que tus elecciones y acciones se alinean con estos valores. Al hacerlo, puedes seguir siendo auténtico contigo mismo y con tu yo en la sombra. Además, permanecer conectado a tus valores te proporciona una brújula que puede ayudarte a navegar por las complejidades de la vida.

9. Adaptarse y evolucionar. Mientras trabajas con tu sombra y tus reinos interiores, es importante que aceptes el cambio y estés dispuesto a adaptarte. Las facetas de la vida no van a ser siempre las mismas, y al constreñirte por negarte a adaptarte al cambio, realmente te estás frenando a ti mismo. A medida que evoluciones y crezcas, tus objetivos y prioridades en concreto pueden cambiar. Permítete la flexibilidad de seguir tu camino y permanecer en sintonía con los cambios del crecimiento personal.

10. Practica la gratitud. La gratitud puede ser un reto; asegúrate de expresar regularmente tu gratitud por los aspectos positivos de ti mismo, así como por los retos que contribuyen a tu crecimiento. Recuerda que la gratitud fomenta una mentalidad positiva y mejora tu bienestar general, así que incorpórala a tus hábitos diarios.

11. Realiza comprobaciones periódicas. Tómate el tiempo necesario para examinarte a ti mismo con regularidad. Házte preguntas sobre tu bienestar emocional, la concordancia de tus acciones con tus valores y la satisfacción general con tu vida.

Estas comprobaciones te servirán de brújula para navegar en tu viaje.

12. Busca opiniones y aprende de los retos. Acepta los comentarios como una valiosa herramienta de crecimiento. Aprende de los retos y los contratiempos, no los veas como obstáculos sino como oportunidades para profundizar en el conocimiento y la resiliencia.

13. Crea un entorno propicio. Diseña tu entorno físico y digital para favorecer tu bienestar. Rodéate de influencias positivas, recordatorios inspiradores y espacios que fomenten la creatividad y la introspección.

14. Desintoxícate con regularidad. Las influencias negativas pueden ser especialmente desafiantes para tu crecimiento. Desintoxícate periódicamente de ellas, ya sean relaciones tóxicas, hábitos improductivos o una exposición excesiva a contenidos negativos. Crear espacio para la positividad mejora tu capacidad para mantener el crecimiento.

15. Practica la atención plena en la vida cotidiana. Incorpora la atención plena a todas tus actividades. Ya sea comer, caminar o trabajar, mantente presente en el momento. La atención plena mejora tu conciencia y te permite navegar por la vida con mayor intención.

Mantener el crecimiento que experimentas con el trabajo de la sombra no es un destino, sino un viaje continuo. Implica el cultivo de hábitos, rutinas y autorreflexiónes que se alineen con tu auténtico yo. Acepta la evolución, celebra el progreso y afronta cada día como una oportunidad para seguir autodescubriéndote.

Señales de alarma y cómo abordarlas

Cuando te dedicas al trabajo en la sombra, es importante que reconozcas las señales de advertencia de que puedes estar recayendo en malos hábitos o de que tu sombra necesita más atención. Exploremos algunas de las señales de advertencia más comunes que experimentan las personas cuando se trata del trabajo de sombra y qué se puede hacer al respecto.

Patrones negativos recurrentes

Un ejemplo de señal de alarma que puedes experimentar es la reaparición de patrones o comportamientos negativos que creías resueltos. Esto es algo que experimenta mucha gente, y es bastante fácil de solucionar. Simplemente haz una pausa y reflexiona sobre los desencadenantes y las circunstancias que condujeron a esos patrones. Intenta comprender las creencias y emociones subyacentes que te llevaron a esa situación mediante la reflexión y la autoindagación. Una vez que llegues a las circunstancias subyacentes, será fácil encontrar una solución a los patrones negativos específicos a los que te enfrentas. Además, no tengas miedo de pedir una segunda opinión a un amigo de confianza o a un terapeuta.

Aumento de la reactividad emocional

Puede que experimentes la señal de alarma de una mayor reactividad emocional. Esto puede ser una señal de alarma importante si notas que tus reacciones emocionales exacerbadas son desproporcionadas con respecto a la situación. Te recomiendo que practiques la atención plena para que puedas observar tus emociones sin juzgarlas ni reaccionar inmediatamente. Los ejercicios de respiración, por ejemplo, pueden ayudar a calmar el sistema nervioso, y llevar un diario sobre las emociones también puede ayudarte a identificar cualquier cosa subyacente.

Conflicto relacional

Puede que descubras que tus relaciones se vuelven tensas, se caracterizan por los conflictos o experimentas cierto distanciamiento. Esto también puede ser una señal de alarma. La mejor estrategia para corregir esto durante tu viaje implica una comunicación abierta con cualquier persona implicada. Reflexiona sobre qué contribuciones específicas has tenido la tensión, y asegúrate de asumir la responsabilidad por el papel que has desempeñado en ella.

Autoaislamiento

Otra señal de alarma que puede detectarse es el autoaislamiento o el retraimiento, especialmente cuando se trata de interacciones o actividades sociales. Cuando esto ocurre, lo mejor que puedes hacer es volver a conectar con tu sistema de apoyo. Te recomiendo encarecidamente que compartas tus sentimientos con un amigo o familiar de confianza. También puedes trabajar para superar estos sentimientos participando en actividades que te aporten alegría y conexión.

Abrumación

También es posible que tengas un estrés o una ansiedad persistentes que te parezcan inmanejables. En este caso, lo mejor es tratar de identificar los factores estresantes y dividirlos en tareas o trozos manejables. Asegúrate de dar prioridad a prácticas de autocuidado como el ejercicio, la atención plena y el sueño. No tengas miedo de pedir ayuda a los demás si tienes demasiadas cosas entre manos y no puedes con todo tú solo: pedir ayuda es un signo de fortaleza.

Desconectar

Es posible que experimentes una disminución de la autoconciencia o una desconexión total de tus emociones. Si esto te ocurre, revisa las prácticas de autoconocimiento discutidas anteriormente. A continuación, fíjate si puedes determinar si ciertos hábitos o distracciones están obstaculizando tu capacidad de tomar conciencia de ti mismo. Trabaja con tus habilidades y recursos para la autoconciencia y notarás que este problema disminuye. Recuerda que el autoconocimiento requiere constancia.

Falta de motivación

Por último, puede que te des cuenta de que tienes hábitos de postergación, evasión o falta de motivación. Cuando te asaltan estos sentimientos, puede ser importante y valioso utilizar habilidades básicas de gestión del tiempo y priorización para ayudarte a superar ese bloqueo. Por ejemplo, divide las tareas más grandes en otras más pequeñas y manejables. También intenta identificar qué contribuye a tu deseo subyacente de procrastinar. Además, asegúrate de establecer objetivos realistas y alcanzables y celebra los pequeños logros para reavivar la motivación.

Estrategias generales para corregir el rumbo

Es posible que busques algunos consejos más generales y amplios para corregir las señales de alarma que surjan durante tu viaje. Algunos métodos que puedes emplear son:

- **Revisa tus herramientas de trabajo en la sombra:** Este libro ha sido una fuente de innumerables herramientas y recursos para el trabajo de la sombra. Si te encuentras con un obstáculo en el camino, no tengas miedo de revisar esas estrategias y ver qué pueden ofrecerte. Intenta volver a las raíces de tu práctica. Con tu mentalidad actual, puede que te des cuenta de más cosas que la primera vez.

- **Entabla el diálogo interior:** En los momentos en los que te sientes atascado, entablar y estimular tu diálogo interior puede salvarte la vida. Incluso si sólo te sientas a charlar -sin "lograr" realmente nada concreto-, ese diálogo puede reconectarte con las partes internas de ti mismo.

- **Practica la atención plena:** Una de las razones por las que puedes estar experimentando problemas puede ser que tengas la cabeza en las nubes. Para combatirlo, prueba a practicar la atención plena en el momento presente para asentarte en la realidad.

- **Conecta con una comunidad de apoyo:** En los momentos difíciles, no te equivocarás si te pones en contacto con tu familia, tu red de apoyo y otros trabajadores de la sombra. La sabiduría colectiva y el aliento que puedes encontrar en estas personas tienen un valor incalculable.

Teniendo todo esto en cuenta, es posible superar las complicaciones de este trabajo. Con la mentalidad adecuada, una pizca de determinación y mucha constancia, puedes superar cualquier reto que se te presente y salir fortalecido al final.

Afirmaciones para seguir creciendo

Para terminar este capítulo con algunas afirmaciones, quiero recordarte que la constancia es importante. Las afirmaciones no son algo con lo que puedas trabajar una vez y esperar que funcionen para siempre; más bien, funcionan mejor como parte de una práctica diaria. Si te cuesta recordar cuándo debes trabajar con tus afirmaciones, no tengas miedo de poner recordatorios en tu teléfono. Ahora, vamos a ellas:

- Estoy comprometido con mi crecimiento, y cada día es una oportunidad para convertirme en una mejor versión de mí mismo.

- El cambio es una constante en mi vida y lo acepto como catalizador de mi desarrollo continuo.

- Confío en el proceso de la vida y estoy abierta a las lecciones que cada experiencia me aporta para facilitar mi crecimiento continuo.

- Libero el miedo y acepto los retos, sabiendo que son peldaños en mi camino de evolución personal.

- Mi potencial de crecimiento es ilimitado, y descubro constantemente nuevos puntos fuertes y habilidades dentro de mí.

- Soy resistente y adaptable, y convierto los contratiempos en trampolines para un mayor desarrollo personal.

- Cada momento es una oportunidad para crecer, y soy consciente de las lecciones presentes tanto en los triunfos como en los retos.

- Me rodeo de positividad y fomento entornos que apoyen mi crecimiento personal y espiritual.

- La autorreflexión es una herramienta poderosa para mi crecimiento, y la abrazo con curiosidad y autocompasión.

- Soy un trabajo en curso y celebro el viaje de crecimiento y superación continuo.

Después de todos los avances que has hecho hasta ahora en tu viaje, es hora de trabajar para alcanzar un estado de completa plenitud. En el próximo y último capítulo, descubrirás rituales diarios y semanales de mantenimiento que te prepararán para futuros retos y te ayudarán a transformar tu vida por completo.

Capítulo 8

La Sombra y Tú

Sólo a través de las sombras se llega a conocer la luz.

-*Santa* Catalina de Siena

Imagina que te sientes completo, que cada parte de ti está sincronizada. No es sólo un sueño; puede ser tu realidad. Aprende los rituales diarios y los preparativos para futuros retos, para que puedas seguir disfrutando de una vida de plenitud y realización.

La dicha de ser íntegro

La integración de la sombra es la clave de una libertad emocional y psicológica. Cuando tienes el trabajo de la sombra a tu lado, los aspectos "negativos" de lo que eres no te frenan. Al igual que los diversos casos de historias reales que aparecen a lo largo del libro, tu sombra puede servirte de grillete; también puede servirte como tu mayor sensación de libertad.

Gracias a la integración de las sombras, ya no tienes que sentirte agobiado por los rasgos sombríos. Las dudas y preocupaciones se transforman en aspectos positivos; partes de ti que nunca quisiste que vieran la luz del día se convierten en el orgullo y la alegría de lo que eres en el fondo, todo gracias a la mejora de tu autoconciencia a través del trabajo con las sombra.

Y lo mejor de todo, ¡esto hace maravillas por tu salud mental y psicológica! La ansiedad y la preocupación son sólo dos de los síntomas de una sombra reprimida a la que puedes decir adiós. Con tu nueva libertad, puedes ser tú mismo como no lo habías sido en mucho tiempo, ¡quizá en toda tu vida!

El trabajo de la sombra invita realmente a una sensación de libertad como ninguna otra. Este es el aspecto más comúnmente reprimido de una persona. Al integrarlo, te conviertes en una persona libre y auténtica, y junto con ello viene la capacidad de encontrar la plenitud en la vida como nunca antes. Los logros y el éxito llueven sobre los que tienen la sombra integrada, al igual que el orgullo y la confianza en sí mismos.

Aunque nunca vas a "terminar" tu viaje, puedo decir con seguridad que este capítulo de tu experiencia te ha llevado a nuevas alturas. Ahora, con tu libertad y liberación emocional, es el momento de abrazar lo que realmente eres y lo que siempre debiste ser.

Mantener el impulso: Rutinas diarias y semanales

Al llegar a esta etapa de tu viaje, puede que te preocupe un poco cómo vas a seguir avanzando. Después de todo, ahora que el libro está casi terminado, no tienes a nadie que te guíe durante el proceso. Ahí es donde entran en juego las rutinas. Estas son cosas que haces con regularidad -como bañarte, asearte, comer, etc.- y que mejoran tu bienestar general. Y las rutinas no sólo tienen que ser hábitos que te mantengan vivo a nivel físico; una buena rutina también puede incluir hábitos que mantengan viva tu alma.

Evidentemente, puedes transformar el trabajo en la sombra en una rutina. De hecho, te recomiendo que lo hagas. El trabajo de sombra no es algo que caiga en tus manos sin más; es un proceso que, como ya he mencionado, requiere importantes niveles de dedicación. Son muchos los beneficios que puedes conseguir mediante una rutina del trabajo de sombra. Entre ellos están los siguientes:

- **Progreso constante:** Hacer que forme parte de tu rutina diaria garantiza que sigas progresando. Puede que no consigas un gran avance cada dos días, pero sin duda aumentará tu progreso y crecimiento general, además de permitirte ser la mejor versión de ti mismo día a día.

- **Evitar la regresión:** Si aprendes a tocar la guitarra y luego no la coges durante un año, no vas a ser la próxima mejor estrella de rock cuando vuelvas a raspar un acorde. Del mismo modo, si no te comprometes con tus prácticas de trabajo de sombra, vas a retroceder en lo que respecta a tu progreso. Los conflictos que ya has resuelto antes pueden volver a surgir, provocando una frustración que podría haberse evitado con una simple rutina.

- **Beneficios para la salud mental:** Se sabe que el trabajo de sombras mejora la salud mental en general. Los efectos perjudiciales de reprimir la sombra, como la ansiedad y la depresión, pueden contrarrestarse o aliviarse mediante el trabajo. Cuando no estás en contra ti mismo, te resulta mucho más fácil ser tu propio refugio y recuperarte.

- **Mejora de las relaciones:** Quienes te rodean notarán sin duda que *algo* está cambiando cuando te dedicas a ti. Podrás mantener conversaciones más matizadas, intrincadas y comprensivas, resolver conflictos e incluso ser el alma de la fiesta cuando te sientas cómodo en tu propia piel.

- **Confianza y autoconciencia:** La confianza y el autoconocimiento también se derivan de forma natural del trabajo de sombra. Esta te permite sentirte cómodo actuando como tu auténtico yo, defendiéndote, compartiendo ideas y mucho más. Y a su vez, esta confianza contribuye a una mayor calidad de vida.

Y eso es sólo la punta del iceberg. Pero para que puedas conseguir estos beneficios, tienes que saber cómo es una rutina con trabajo en la sombra. Veamos algunos ejemplos de rutinas para el trabajo en la sombra que puedes aplicar en tu vida diaria, ¡empezando ahora mismo!

Rutina diaria

Las rutinas diarias son acciones que repites todos los días. Puedes tener rutinas por la mañana, rutinas por la noche, rutinas a la hora de comer, o una combinación de cualquier cantidad de rutinas que desees. Normalmente sugiero que todo el mundo tenga rutinas diarias de trabajo de sombra.

Cuando se trata de rutinas diarias, la mayoría de la gente encuentra la mayor consistencia con rutinas matutinas, y luego pequeñas rutinas a lo largo del día con las que puedes ser más flexible. Algo muy bueno del trabajo en la sombra es que puedes ser realmente flexible con tus rutinas sin dejar de experimentar los beneficios. Entonces, ¿qué tipo de rutinas diarias podemos observar con el trabajo de la sombra?

Buenas mañanas

Para empezar el día con buen pie, tienes una rutina matutina. Estas son una forma maravillosa de encontrar la paz antes del caos de un día ajetreado. Cuando se trata de trabajo de la sombra en particular, hay múltiples maneras en las que puedes incluir actividades de rutina matutina en tu horario:

- **Análisis de los sueños:** La sombra se nos aparece a menudo en sueños. Puede aparecer en forma de diversos motivos e imágenes, como animales peligrosos, terroríficos o "malos". En cuanto te despiertes -mientras los sueños aún están frescos en tu cerebro- intenta analizarlos. Comprueba si se te ha revelado la sombra y, en caso afirmativo, qué puede haber intentado decirte el sueño sobre ella.

- **Escribir un diario:** Practicar esto es maravilloso para una mañana tranquila en la que tienes tiempo para reflexionar y considerar tus pensamientos. Escribir sobre lo que se te pasa por la cabeza puede ser una forma estupenda de ponerte en contacto con tu sombra antes de que empiecen los momentos más agotadores del día. Incluso si tu cerebro no está precisamente despejado a primera hora de la mañana, una sesión matutina de diario puede ser sorprendentemente reveladora.

- **Afirmaciones:** Estas declaraciones tienen un valor incalculable; incluso para la persona más ocupada, las afirmaciones pueden ser una forma impecable de incorporar el trabajo de sombra a su rutina matutina. Puedes decirlas mientras te cepillas el pelo, te bañas, preparas el café o te preparas para el día. Incluso el trayecto al trabajo es un buen momento para hacer afirmaciones.

Y eso no es todo lo que puedes hacer. Recuerda que este viaje es tuyo y puedes personalizarlo como mejor te parezca.

A lo largo del día

A continuación, tenemos que hablar de algunos puntos para incluir el trabajo de sombra a lo largo del día. Si trabajas, tienes familia, vas a la escuela, o incluso todo lo anterior, encontrar tiempo durante el día para el trabajo de la sombra puede ser bastante difícil. Por eso estoy aquí para recomendarte sesiones de atención plena de un minuto. Creo que nadie está demasiado ocupado para dedicar 60 segundos de su día a cambiar su vida. Encontrar aunque sea sólo un minuto a lo largo del día para practicar la atención plena puede ser sorprendentemente beneficioso.

Entonces, ¿qué hacer durante este minuto? Te recomiendo dos cosas. En primer lugar, puedes intentar respirar atentamente y ser consciente del momento presente. Esto puede ayudarte a conectar contigo mismo y a salir de tu cabeza, lo cual es especialmente valioso si el ego y la sombra están en guerra. Y, en segundo lugar, puedes utilizar tu minuto para comprobar cómo estás contigo mismo y con tu sombra utilizando las preguntas de reflexión mencionadas anteriormente.

Por la noche

Por último, la rutina nocturna: ¿cómo puedes convertir tu noche en un oasis de trabajo de sombra? Mi métodos favoritos son escribir un diario o meditar. Durante esta sesión es una buena idea reflexionar sobre tu sombra. ¿Cómo te ha ayudado o entorpecido a lo largo del día? ¿Ha habido algún caso en el que la sombra haya aparecido de forma inesperada?

Como puedes ver, es bastante fácil integrar el trabajo en la sombra en tu día a día, incluso si estás ocupado. Pero si no tienes tiempo o la rutina diaria no se adapta a tus necesidades, tengo una alternativa para ti: la rutina semanal.

Rutina semanal

Es comprensible, hay mucha gente que no puede sacar tiempo para un trabajo en la sombra auténtico, consciente y valioso. Lo entiendo. Además, hay muchas personas que se sentirían agotadas si realizaran trabajo de sombra todos los días, lo cual también es justo. Ahí es donde entra en juego la rutina semanal. Puedes tener rutinas semanales que se repitan una vez , dos veces o más a la semana, pero te recomiendo que mantengas las fechas y horas consistentes. Esa coherencia hará que el hábito se mantenga y te ayude a sacar el máximo partido.

Puedes utilizar la rutina semanal en correlación con las rutinas diarias o por sí sola. Dependiendo lo que elijas, tus opciones para el trabajo de sombra semanal pueden variar. Algunas de las opciones más convincentes para el trabajo de sombra semanal, al menos en mi opinión, incluyen:

- **Repaso en la sombra:** Cada fin de semana, dedica unos 30 minutos a revisar las entradas de tu diario. Sí, sé que esto puede resultar incómodo al principio, pero con el tiempo se convierte en una parte valiosa de la rutina... ¡y cómoda! Durante la revisión, busca patrones, desencadenantes o situaciones que hayan provocado que tu sombra esté especialmente activa.

- **Sesión de meditación:** Un día a la semana, puedes tener una sesión de meditación más larga, entre 30 minutos y una hora. Durante esta sesión, céntrate sólo en tu sombra. Este es un momento maravilloso para trabajar con los ejercicios de aceptación e integración de antes presentados, sanando cualquier lugar donde la sombra pueda haberse sentido rechazada durante la semana.

- **Habla con una persona de confianza:** Una vez a la semana, puedes mantener una conversación sincera con alguien de confianza. Háblale de tus progresos y de los retos a los que te enfrentas, e incluso pídele opinión si te sientes lo suficientemente valiente.

Estas soluciones pueden parecer sencillas, pero cuando le dedicas esfuerzo descubres que tu sombra se siente mucho más a gusto, apreciada e integrada.

Reflexiones finales y pasos siguientes

Puede que estés hojeando las últimas páginas del libro pensando que el camino termina aquí. Permíteme darte la noticia: No es así. El trabajo en la sombra es un viaje que dura desde el día en que empiezas hasta el final de tu vida y, según algunas creencias, incluso más que eso. Este trabajo no se trata del destino, sino del camino que recorres y de lo que descubres en él.

A medida que avanzas en este viaje, te animo a que reflexiones. Vuelve atrás y piensa por qué empezaste este viaje y qué esperabas obtener del trabajo en la sombra en un principio. ¿Cómo se corresponde eso con lo que esperas ahora? ¿Qué quieres conseguir al continuar este viaje?

Recuerda que aunque el camino te parezca desafiante, este libro siempre estará aquí para ti. Sus recursos son permanentes, lo que significa que puedes volver a ellos y practicarlos en cualquier momento, aunque los hayas hecho 100 veces. Y no tengas miedo de pedir ayuda si la necesitas: después de todo, es una de las cosas más fuertes que puedes hacer.

Afirmaciones para una vida preparada para el futuro

Con gran tristeza te presento nuestras 10 últimas afirmaciones. Aunque nuestro viaje está a unos momentos de terminar, el uso de estas afirmaciones en tu práctica te mantendrá enfocado hacia adelante y en el camino correcto:

- Estoy completo, abrazando cada faceta de mi ser, tanto la luz como la sombra, con amor y aceptación.

- Confío en mi fuerza interior y en mi resistencia, sabiendo que los retos son oportunidades de crecimiento y transformación.

- Cada experiencia, alegre o desafiante, contribuye a mi sabiduría y evolución. Estoy preparado para las lecciones que me esperan.

- Me libero de la necesidad de perfección y abrazo la belleza de mis imperfecciones. Soy un trabajo en curso, en constante evolución.

- Ante la incertidumbre, mantengo los pies en la tierra y me centro. Mi paz interior es una fuente de fuerza y estabilidad.

- Estoy preparado para afrontar los retos con valentía y claridad. Confío en mi capacidad para navegar por lo desconocido con gracia y aplomo.

- Mi pasado no me define, sino que marca mi camino. Aprendo de cada experiencia y la utilizo para forjar un futuro mejor.

- Soy una fuerza resistente de la naturaleza, capaz de superar cualquier obstáculo. Mi espíritu es inquebrantable y mi potencial ilimitado.

- Cada respiración me llena de la energía de la renovación. Estoy preparado para afrontar lo que venga con el corazón abierto y un espíritu resistente.

- Soy un faro de luz que irradia positividad y fuerza. Atraigo soluciones y oportunidades, convirtiendo los retos en peldaños hacia mi yo más elevado.

Tu compromiso con tu viaje personal es realmente admirable. Aunque este libro es sólo el principio, estás en el buen camino para lograr una vida caracterizada por el autoconocimiento y la plenitud. Siempre hay niveles más altos de comprensión y amor propio a los que aspirar, y confío en que puedes alcanzar esas alturas.

Conclusión

Trabajar con la sombra es como mirar dentro del alma. Cada vez que trabajas con ella, te acercas un paso más al objetivo final del verdadero autoconocimiento, el amor propio y la plenitud. Mucha gente ve la sombra como algo que hay que suprimir y de lo que hay que avergonzarse, pero tú ya no. Ya conoces el secreto: la sombra es algo que hay que aceptar y de lo que hay que sentirse orgulloso. Con herramientas de integración y aceptación, tu sombra es otra pieza inestimable de lo que te convierte en el individuo único y radiante que eres.

A lo largo de este libro, has adquirido un sinfín de estrategias y herramientas para tu viaje. Ahora, entiendes por qué es importante la integración de la sombra, así como las consecuencias de negarse a integrarla. También entiendes a los diferentes actores de tu subconsciente y cómo interactúan, como el baile entre la sombra y el ego. Lo mejor de todo es que tienes afirmaciones, habilidades y recursos inigualables para conocer a tu sombra, ayudarla a salir a jugar y amarla todo el tiempo.

A medida que avanzas en este viaje vital, mantén la cabeza alta. Recuerda las historias de éxito de las que hemos hablado y piensa en todas las personas que no tuvieron acceso a estos recursos o los encontraron demasiado tarde. Guarda gratitud en tu corazón por este viaje y recuerda que es todo tuyo: nadie puede decirte cómo tiene que ser o cómo debería ser tu viaje del trabajo de sombra, y eso es lo bonito.

Ahora concluimos nuestro viaje juntos. He disfrutado llevándote en este recorrido por la sombra y por ti mismo, y espero que tú también lo hayas hecho. No puedo expresar suficiente gratitud por permitirmelo y confiar en mí para ser tu fiel guía turístico. Dicho esto, si has disfrutado del camino que hemos recorrido, por favor, ¡deja una reseña! De ese modo, otros que estén empezando donde tú empezaste hace varios capítulos atrás podrán encontrar también este vistazo al mundo del trabajo de sombra.

Entonces, ¿qué esperas? Te has embarcado en este viaje transformador, ahora es el momento de vivirlo cada día. Haz que el trabajo de sombra forme parte de tu vida diaria y sigue creciendo.

Si quieres que te ayude a empezar, puedes encontrar mi Diario de Trabajo de Sombra con todos los temas que te propongo.

Tus pensamientos pueden marcar la diferencia.

Estimado lector,

Ahora que nuestro viaje juntos llega a su fin, espero que estas páginas te hayan dejado una impresión duradera. Tu experiencia con este libro no sólo es importante para mí como autora, sino que también tiene el potencial de guiar e inspirar a otros.

Si esta obra te ha resultado valiosa, considera la posibilidad de dejar una reseña en la plataforma en la que lo adquiriste. Tus opiniones y reflexiones son muy valiosas. No solo me ayudan a crecer y mejorar como escritora, sino que también ayudan a otros a descubrir un libro que podría enriquecer sus vidas como lo ha hecho con la tuya.

Cada opinión cuenta, y tu voz es realmente importante en este viaje compartido de conocimiento y descubrimiento.

Gracias por ser parte integral de esta historia y por considerar esta petición de compartir tu experiencia con los demás.

Con sincero agradecimiento,

Jane Kennedy

Referencias

Guía de meditación para principiantes. (2022, 29 de abril). Mayo Clinic. https://www.mayoclinic.org/tests-procedures/meditation/in-depth/meditation/art-20045858#:~:text=Meditation%20can%20give%20you%20a

Alina. (2021, 21 de agosto). *Trabajo de sombras: trayendo luz a la oscuridad o valles en el camino.* Jardinería cerebral. https://braingardening.com/shadow-work-bringing-light-to-the-darkness-or-valleys-in-the-journey

Bowe, S. (s.f.). *El trabajo del espejo de sombras: Crecer a partir de las personas difíciles.* Sue Bowe. https://suebowe.com/shadow-mirror-work

Cherry, K. (2022, 16 de diciembre). *Los 4 grandes arquetipos de Jung.* Verywell Mind. https://www.verywellmind.com/what-are-jungs-4-major-archetypes-2795439

Connor-Savarda, B.-N. (2023, 1 de agosto). *El peligro de la proyección psicológica: Por qué debemos centrarnos en nosotros mismos.* EI Magazine. https://www.ei-magazine.com/post/the-danger-of-psychological-projection-why-we-should-focus-on-ourselves

Cook, J. (s.f.). *7 ways to bounce back stronger after failure.* Forbes. https://www.forbes.com/sites/jodiecook/2021/12/03/7-ways-to-bounce-back-stronger-after-failure/?sh=695bb7225646

Davenport, B. (2022, 26 de julio). *35 citas sobre el trabajo en la sombra que te ayudarán a aceptar y abrazar a tu yo en la sombra.* Mindful Zen. https://mindfulzen.co/shadow-work-quotes

8 razones por las que preguntarse "por qué" es importante para la vida. (2014, 2 de abril). Lifehack. https://www.lifehack.org/articles/communication/8-reasons-why-asking-yourself-why-important-life.html

Fausett, R. (2021, 24 de junio). *¿Por qué es importante el equilibrio en la vida?* Troomi Wireless. https://troomi.com/why-is-balance-important-in-life/#:~:text=Improves%20General%20Health

Fuller, K. (2020, 14 de julio). *5 elementos del trabajo en la sombra que debes incorporar para convertirte en tu yo más elevado.* Medio. https://medium.com/illumination/5-elements-of-shadow-work-you-must-incorporate-to-become-your-highest-self-6f3d35205291

García, C. (s.f.). *Puesto en el Consejo: ¿Está tu ego saboteando tu éxito?* Forbes. https://www.forbes.com/sites/forbescoachescouncil/2021/04/13/is-your-ego-sabotaging-your-success/?sh=14ee877d5628

Graebner, K. (2021, 18 de junio). *Cómo practicar la autocompasión y domar a tu crítico interior.* BetterUp. https://www.betterup.com/blog/self-compassion

Guthrie, G. (2021, 9 de junio). *8 beneficios de los mapas mentales avalados por la ciencia.* Nulab. https://nulab.com/learn/strategy-and-planning/8-science-backed-benefits-of-mind-mapping

Cómo iluminar e integrar tu sombra. (2021, 24 de agosto). Artem Zen. https://www.artemzen.com/integrate-your-shadow

Cómo integrar tu sombra: el lado oscuro es el potencial no realizado. (2020, 27 de febrero). Academia de Ideas. https://academyofideas.com/2020/02/how-to-integrate-your-shadow

Cómo hacer un mapa mental. (2019). Ayoa. https://www.ayoa.com/mind-mapping/how-to-mind-map

Cómo superar tu crítico interior. (sin fecha). Elegir terapia. https://www.choosingtherapy.com/overcome-inner-critic

Cómo practicar el trabajo en espejo (guía de seis pasos) (2018, 8 de octubre). LonerWolf. https://lonerwolf.com/mirror-work-guide

Cómo entender tu voz interior y controlar tu crítico interior. (sin fecha). New Scientist. https://www.newscientist.com/article/mg25533941-100-how-to-understand-your-inner-voice-and-control-your-inner-critic

Jiménez, J. J. (2021, 2 de mayo). *21 afirmaciones para calmar tu crítico interior y desarrollar la autocompasión.* Brave Thinking Institute. https://www.bravethinkinginstitute.com/blog/health-wellbeing/affirmations-to-calm-your-inner-critic

Krueger, H. (2022, 23 de noviembre). *La gente está jurando por los beneficios de trabajo en la sombra diario.* DailyOM. https://www.dailyom.com/journal/people-are-swearing-by-the-benefits-of-shadow-work-journaling

Lindberg, S. (2018, 24 de julio). *12 consejos para perdonarte a ti mismo.* Healthline. https://www.healthline.com/health/how-to-forgive-yourself

Haz de la autorreflexión una parte cotidiana de tu vida. (sin fecha). TeenLife. https://www.teenlife.com/blog/make-self-reflection-daily-part-your-life

Manson, M. (2019, 23 de mayo). *Aprendizaje a lo largo de la vida: Cómo aprender y crecer continuamente.* Mark Manson. https://markmanson.net/lifelong-learning

Rebeca. (2021, 13 de septiembre). *¿Eres una persona negativa? 15 señales que lo sugieren.* Minimalism Made Simple. https://www.minimalismmadesimple.com/home/negative-person

Trabajo en la sombra: Una guía definitiva para integrar tu mitad más oscura. (2014, 13 de agosto). Scott Jeffrey. https://scottjeffrey.com/shadow-work/#What_Happens_When_You_Repress_Your_Shadow

Trabajo de sombras: Para principiantes, ejercicios, espiritualidad. (s.f.). Ana Hana. https://www.anahana.com/en/mental-health/shadow-work#:~:text=Algunas%20cuestiones%20que%20evitan%20el%20interior

6 consejos para dominar tu diálogo interno. (2016, 31 de marzo). Chopra. https://chopra.com/articles/6-tips-to-master-your-internal-dialogue

Tiodar, A. A. (2021, 13 de octubre). *Los 10 beneficios del trabajo en la sombra (¿y hay algún peligro?).* Subconscious Servant. https://subconsciousservant.com/benefits-of-shadow-work

Las 30 mejores citas sobre el trabajo en la sombra. (2022, 17 de diciembre). Vida inefable. https://ineffableliving.com/shadow-work-quotes